Pral Corinne

SURFER SUR INTERNET

JÉRÔME COLOMBAIN

LES ESSENTIELS MILAN

Sommaire

Démarrer

Internet, c'est quoi ?	4-5
Comment se brancher ?	6-7
Connexion : toujours plus vite !	8-9
Et sans ordinateur ?	10-11

S'informer

Entrer par le bon portail	12-13
Qui cherche trouve	14-15
Lire le journal sur Internet	16-17
Radios et télés sur Internet	18-19

Visiter

Organiser son voyage sur le Web	20-21
Visiter les musées… virtuels !	22-23

Apprendre

Faire ses devoirs sur Internet	24-25
Préparer un exposé grâce au Web	26-27

Se divertir

Cinéma, BD, sport…	28-29
L'enfer du cyberjeu	30-31
Le Web insolite	32-33
En avant la musique !	34-35

Internet pratique

Faire son marché sur le Web	36-37
Trouver un toit, un emploi…	38-39
Sortir sur Internet	40-41
La cyberadministration	42-43

Dialoguer

Le mél : la poste sans papier	44-45
Un forum mondial	46-47
Les messageries en direct	48-49
Téléphoner sur Internet	50-51

Approfondir

Créer son site Web	52-53
Combien ça coûte ?	54-55
Glossaire	56 à 58
Bibliographie	58-59
Numéros utiles	59
Répertoire des sites Web	60 à 62
Index	63

Les mots suivis d'un astérisque (*) sont expliqués dans le glossaire.

La vague multimédia

Surfer sur Internet. Cette drôle d'expression désigne la manière originale dont on « navigue » sur le réseau informatique mondial : comme un surfeur sur la crête des vagues, l'internaute se déplace de site en site en cliquant avec sa souris. Une manière vagabonde de visiter les mille et une merveilles du cybermonde.
Aujourd'hui, on peut jouer, travailler, chercher un appartement et même regarder la télévision sur le Web ! Cet univers d'une richesse infinie s'accroît chaque jour car des dizaines de sites naissent quotidiennement. Le présent ouvrage n'a pas vocation à les recenser tous (ce serait tout bonnement impossible !) mais il présente l'essentiel des meilleurs endroits du « Net » et donne des conseils pratiques pour bien « surfer ».
Voici un guide pour découvrir, ou simplement mieux connaître, les étonnantes facettes de ce nouveau média électronique dont nous aurons bientôt, tous, le plus grand mal à nous passer !

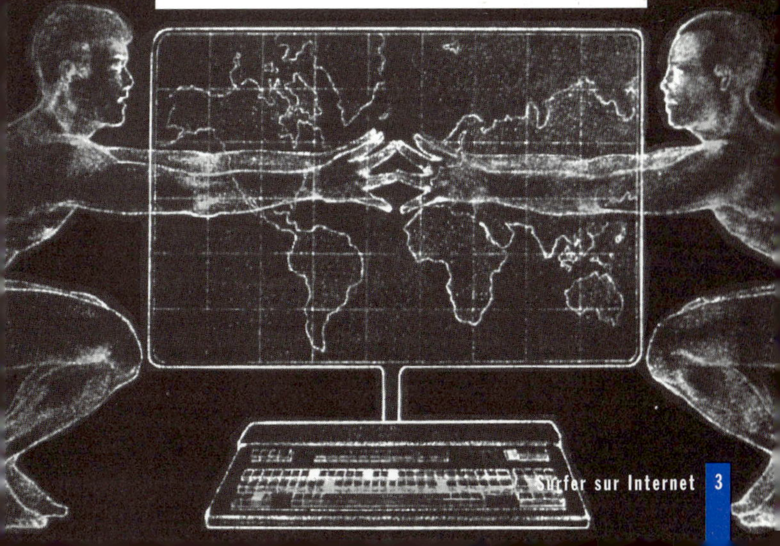

Internet, c'est quoi ?

Inventé il y a trente ans par des militaires américains, Internet est un réseau informatique mondial. Aujourd'hui ouvert à tous, il constitue un formidable outil de travail, de culture et de loisir. Portrait d'un jeune premier.

Combien d'internautes ?
Il y a environ 50 à 80 millions d'utilisateurs dans le monde dont près de 3 millions en France (en 1998). Le réseau accueille chaque mois 1 million de nouveaux venus !

Faut-il parler anglais sur Internet ?
Pas forcément. L'anglais est la langue la plus répandue sur le Net mais il existe aussi de nombreux sites Web en français.

La naissance

Internet a été créé en 1969. En fait, à cette époque, il s'appelait Arpanet et appartenait à l'armée américaine. C'était un réseau d'ordinateurs connectés entre eux à distance, qui permettait aux savants d'échanger leurs savoirs. En cette période de guerre froide, le système avait été conçu pour résister à une guerre nucléaire : ainsi, le réseau n'a pas de « centre nerveux » qui risquerait d'être détruit par un missile ennemi mais il est constitué d'un assemblage hétéroclite de liaisons électroniques. Si l'une de ces liaisons était détruite, il en resterait toujours d'autres pour prendre le relais. Internet fonctionne grâce au « protocole de communication » (langage de communication entre les ordinateurs) appelé TCP/IP*, très sûr et très ouvert (il n'appartient à personne et n'importe quelle entreprise peut développer des applications fonctionnant avec ce protocole).

Le *World Wide Web*

Aujourd'hui, Internet a rompu avec ses origines militaires. Il offre une panoplie de services dont le plus connu est le *World Wide Web** (qui signifie « toile d'araignée mondiale »), en abrégé : « le Web ». C'est la partie multimédia* d'Internet. Le Web est constitué de millions de sites*. Sur le Web, vous allez pouvoir lire le journal, écouter la radio, faire des achats, etc. Pour vous déplacer dans ce gigantesque bazar électronique, vous devez taper une adresse Web*

http://www
Dans une adresse Internet, *http* veut dire « *hypertext transfer protocol* » et *www* signifie « *World Wide Web* ».

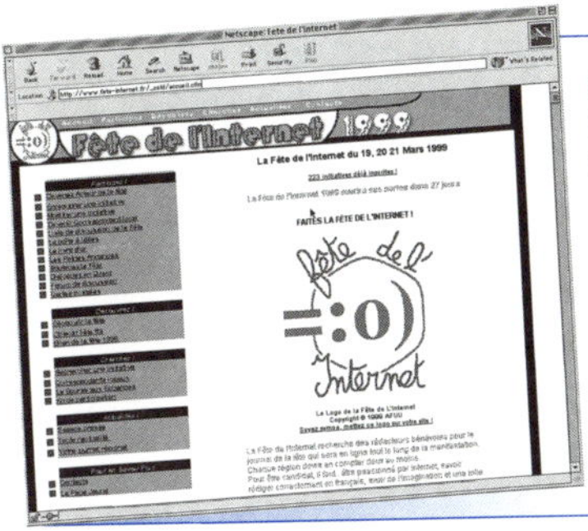

Fête de l'Internet
Chaque année, en mars, a lieu la Fête de l'Internet (*www.fete-internet.fr*). Sur le modèle de la Fête de la musique, elle donne lieu à toutes sortes de manifestations à travers la France sur le Web, mais aussi dans les cybercafés, les bibliothèques, les administrations, etc.

– par exemple : « *www.milanpresse.com* » (avec les navigateurs* modernes, plus besoin d'écrire en début d'adresse « *http://* ») – ou bien cliquer sur des liens hypertextes*. C'est un moyen très simple et très convivial de consulter des documents. Le Web est une formidable banque d'informations mondiale !

Économique !
Lorsque l'on se connecte à Internet, on paye uniquement des communications téléphoniques locales entre son domicile et son fournisseur d'accès* même si l'on consulte un site à l'autre bout du monde.

Le courrier électronique

Grâce au mél* (ou courrier électronique) – un autre service d'Internet –, vous allez communiquer avec la terre entière sous forme de messages écrits. D'un clic de souris, vous pouvez expédier des documents à l'autre bout du monde en quelques secondes. Oubliés, les longs délais de la poste ou les frais de télécopie ! Le mél est à la fois beaucoup plus rapide et beaucoup plus économique que les procédés traditionnels de communication (*voir* pp. 44-45).

Les autres services

Sur Internet, vous pouvez également discuter avec d'autres internautes* dans les forums* (*voir* pp. 46-47) et même en direct par IRC* (*voir* pp. 48-49). Vous pouvez aussi téléphoner aux quatre coins du monde pour trois fois rien (*voir* pp. 50-51). Enfin, lorsque vous vous serez familiarisé, vous pourrez transférer des fichiers (FTP*) pour créer, par exemple, votre propre page Web personnelle* (*voir* pp. 52-53). Bienvenue dans le cybermonde* !

Internet est un média de connaissance et de communication international accessible à tous par ordinateur. Il propose plusieurs services interactifs* très pratiques.

Comment se brancher ?

Installez votre « kit de connexion » et partez à la conquête du cybermonde* ! Internet, ce n'est pas plus compliqué. En principe...

Un ordinateur musclé

On peut accéder à Internet avec la plupart des micro-ordinateurs, qu'ils soient Mac*, PC* ou de toute autre famille informatique. Dans tous les cas, mieux vaut une configuration musclée (PC 486, Pentium, Power Mac ou iMac avec au moins 16 mégaoctets* de mémoire) car une machine du Moyen Âge ne vous permettra pas de profiter des belles images du Web* ; avec un « vieil » ordinateur, vous pourrez tout juste échanger un peu de courrier électronique (mél*). Faut-il un ordinateur de bureau ou un portable ? Peu importe, pourvu qu'il soit suffisamment puissant et équipé d'un modem*.

Conseil
Pour tester votre connexion, commencez par envoyer un courrier électronique à... vous-même.

Un modem pour se connecter

Le modem (photo *ci-dessous*) est un petit appareil (ou une carte* interne) qui permet de brancher votre bel ordinateur à une ligne téléphonique pour surfer sur Internet. Préférez un modem rapide à 33 600 ou 56 000 bps* car les pages Web* s'afficheront plus vite. À noter qu'un modem permet également d'envoyer des fax et de consulter le Minitel. Si vous avez la chance de pouvoir accéder au Net par câble, par Numéris ou par satellite, il vous faut un équipement un peu différent (*voir* pp. 8-9).

Un fournisseur d'accès

Le fournisseur d'accès* (en anglais : *provider*) est la porte d'entrée obligatoire vers Internet pour les particuliers. C'est une entreprise privée, équipée de gros ordinateurs connectés en permanence au réseau, qui permet d'accéder au Net sur abonnement (*voir* pp. 54-55). Procurez-vous une disquette ou un cédérom appelé « kit de connexion » dans une boutique spécialisée (on en trouve aussi gratuitement dans certains journaux). Le fournisseur vous attribuera ensuite un nom de connexion (*login*), un mot de passe (*password*) et une adresse mél* (*e-mail*) personnelle pour vous connecter (*voir* pp. 44-45).

Un navigateur pour... naviguer

Le navigateur* est le logiciel* indispensable pour surfer sur le Web. Il vous est remis avec votre kit de connexion. Les deux navigateurs les plus connus sont : *Internet Explorer* (de Microsoft) et *Communicator* (de Netscape). Pas de grande différence entre ces deux programmes : même si les commandes peuvent varier de l'un à l'autre, les fonctions essentielles sont assez similaires. Pour savoir comment fonctionne votre navigateur, reportez-vous au guide fourni avec votre kit de connexion. Les ordinateurs récents comprennent généralement des logiciels pour Internet préinstallés mais vous pouvez utiliser n'importe quel autre navigateur si cela vous chante.

Favoris
Lorsque vous découvrez des sites intéressants, conservez leurs adresses dans votre navigateur en cliquant sur « *favoris* » ou « *signets* » (en anglais : *bookmarks*).

C'est parti !

Pour démarrer, une fois les logiciels correctement installés* et paramétrés*, cliquez sur l'icône « *connexion à...* », afin d'établir physiquement le contact avec votre fournisseur d'accès, puis lancez le navigateur (vous pouvez aussi ouvrir directement votre navigateur, ce qui déclenchera en principe la connexion). Ça y est ! Bienvenue sur Internet ! Vous voyez sans doute apparaître la page d'accueil* de votre fournisseur d'accès. Il ne reste plus qu'à cliquer ici et là pour découvrir les mille et une merveilles du Web. Bon surf !

Pour aller sur Internet, il faut un ordinateur, un modem et un abonnement auprès d'un fournisseur d'accès.

Connexion : toujours plus vite !

Téléphone, Numéris, câble ou satellite : il existe plusieurs moyens de se connecter à Internet. Pour profiter pleinement des joies du Web, il faut une liaison rapide.

Le téléphone, l'escargot du Web

Le moyen le plus courant pour se connecter à Internet, c'est le téléphone. Il suffit de brancher son ordinateur sur une prise téléphonique à l'aide d'un modem* (*voir* pp. 6-7). C'est un moyen simple mais malheureusement assez lent. En effet, les lignes téléphoniques classiques (RTC*) n'autorisent qu'un faible débit (maximum : 56 kilobits* par seconde ou kbps), et les pages Web*, surtout si elles contiennent beaucoup d'images, s'affichent alors à une vitesse d'escargot.

Le lièvre Numéris

Le réseau Numéris de France Télécom (réseau numérique à intégration de services) offre un accès à Internet deux fois plus rapide que par téléphone (jusqu'à 128 kilobits par seconde). De plus, on peut continuer à utiliser son téléphone pendant que l'on surfe sur le Web. Il faut un équipement particulier : un boîtier ou une carte* Numéris et un abonnement spécifique souscrit auprès de France Télécom. Ce système revient un peu plus cher que le téléphone mais assure un débit plus confortable (*voir* pp. 54-55).

Débit théorique
Les débits des systèmes d'accès à Internet sont souvent théoriques. Par exemple, un modem à 56 kbps plafonne en général à 40 kbps en raison des embouteillages sur le réseau.

Le câble, la torpille du Net

Si vous voulez surfer à grande vitesse sur le Web, choisissez le câble. Vous aurez alors une connexion 10 à 200 fois plus rapide que par téléphone (10 mégabits* par seconde en théorie, 512 kilobits le plus souvent). Les images s'affichent quasiment instantanément. On peut transférer l'équivalent d'une disquette en 10 secondes ! En plus, avec le câble, vous pouvez rester connecté jour et nuit si vous le souhaitez car l'abonnement est forfaitaire, c'est-à-dire non tarifé à la minute. Équipement nécessaire : un modem-câble (loué ou acheté) + un abonnement auprès du câblo-opérateur de votre ville. Mais surtout, il faut que votre logement soit câblé (renseignez-vous auprès de vos voisins, de votre gardien, etc.).

Tuyaux
Les lignes de connexion à Internet sont comme des tuyaux : plus ils sont « larges » et plus les données circulent vite.

Ligne spécialisée pour les entreprises

Beaucoup d'entreprises bénéficient d'une connexion permanente à Internet par liaison rapide appelée « Transfix ». C'est une ligne numérique*, à haut débit, louée au mois ou à l'année. Seules les entreprises et les universités peuvent en général s'offrir ce type de connexion de grande qualité mais chère.

Satellite, le Web des étoiles

Et par la voie des airs ? Vous recevez déjà la télévision par satellite à l'aide d'une parabole ? Alors, il suffit d'ajouter à l'intérieur de votre ordinateur une carte spéciale pour bénéficier d'une vitesse rapide (1, 2 méga-bit par seconde). Toutefois, il vous faudra aussi une connexion téléphonique par modem car le satellite permet seulement de recevoir des données (voie descendante) mais pas d'en envoyer (voie montante). De plus, hormis Canalsatellite, peu de prestataires en France proposent pour l'instant l'accès à Internet par satellite.

ADSL, une connexion d'avenir

L'ADSL (*Asymetric Digital Subscriber Liner*) est un nouveau système d'accès à Internet très prometteur. Techniquement, cela consiste à faire passer, grâce à un système complexe de codage-décodage, un très grand nombre de données informatiques sur une banale ligne téléphonique. Le débit peut atteindre 100 à 200 fois celui d'un modem traditionnel (2 à 8 mégabits par seconde). L'ADSL commence à peine à être commercialisé.

Il existe de nombreux modes d'accès à Internet. Plus vous aurez une connexion puissante, et plus les pages Web s'afficheront rapidement sur l'écran de votre ordinateur.

Et sans ordinateur ?

Bien sûr, l'ordinateur est le meilleur outil pour surfer sur la vague multimédia, mais d'autres appareils permettent aussi d'accéder au Web et de recevoir du courrier électronique.

Décodeurs
Deux constructeurs français de décodeurs-Internet : Canal Net (*www.universal.fr*) et Domo TV (*www.com1.fr*).

Le Web à la télé

Savez-vous que vous pouvez surfer sur Internet avec votre… télévision ? Il suffit pour cela de brancher un décodeur-Internet (*voir* ci-contre). Relié, d'un côté, à une prise téléphonique et, de l'autre, à votre téléviseur, ce décodeur vous servira à naviguer sur le Web*, à l'aide d'une télécommande, confortablement installé dans votre canapé. Le prix d'un décodeur-Internet ? Environ quatre fois moins cher qu'un ordinateur (la plupart du temps, ces décodeurs sont proposés en location). Évidemment, avec ce type d'appareil, vous ne pourrez ni regarder des cédéroms ni faire du traitement de texte. Mais c'est une solution intéressante pour accéder au Net, sans avoir à acheter un ordinateur très cher.

Le Minitel s'accroche

Si vous n'avez qu'un vieux Minitel à la maison, pas de panique. Vous pouvez quand même échanger du courrier électronique (mél*) avec des abonnés à Internet, en utilisant par exemple les services : 3615 MINITELNET, 3615 WEBTEL, etc. Vous pourrez même consulter quelques services du Web (mais sans les images ni les sons car le terminal Minitel ne peut afficher que des caractères textuels). Avec ses 14 millions d'utilisateurs, et même s'il paraît aujourd'hui menacé par le phénomène Internet, le Minitel n'a donc pas dit son dernier mot en France. Cependant, il devrait être bientôt remplacé dans les foyers par le « Webphone » (ou « Screenphone »), un nouvel appareil permettant à la fois de téléphoner, de consulter les services Minitel et de surfer sur le Web.

Téléphone mobile

Comment faire pour récupérer un message de courrier électronique urgent lorsque l'on est en déplacement ? Rien de plus simple : consultez votre téléphone mobile. Il est possible aujourd'hui de recevoir des méls sur l'écran de certains modèles de téléphones cellulaires (à condition que votre opérateur permette ce type de service). Vous pourrez même consulter quelques services Web comme, par exemple, les programmes de cinéma, le trafic routier, etc. Avec le téléphone portable, Internet, c'est dans la poche !

À la cuisine…

Et si vous surfiez sur le Net à… la cuisine ? Pourquoi pas ? Une société américaine a inventé un four à micro-ondes avec écran incorporé dans la porte. Idéal pour consulter des recettes de cuisine sur le Web en attendant la cuisson du rôti…

… ou au cybercafé

En fin de compte, si vous n'avez aucun de ces appareils à la maison, vous pouvez toujours vous rendre dans un cybercafé. Dans ces établissements, qui se sont multipliés avec l'essor d'Internet, on peut surfer tranquillement, pour quelques dizaines de francs de l'heure, en sirotant un jus d'orange. Il existe aussi des espaces multimédias*, avec des ordinateurs connectés à Internet, dans certaines bibliothèques et autres centres de loisirs. Bref, aujourd'hui, Internet est partout !

Internet envahit notre univers technologique. Il s'impose comme un nouvel outil de communication indispensable. Toutes sortes d'appareils hétéroclites comme la télévision ou le téléphone mobile y donnent accès.

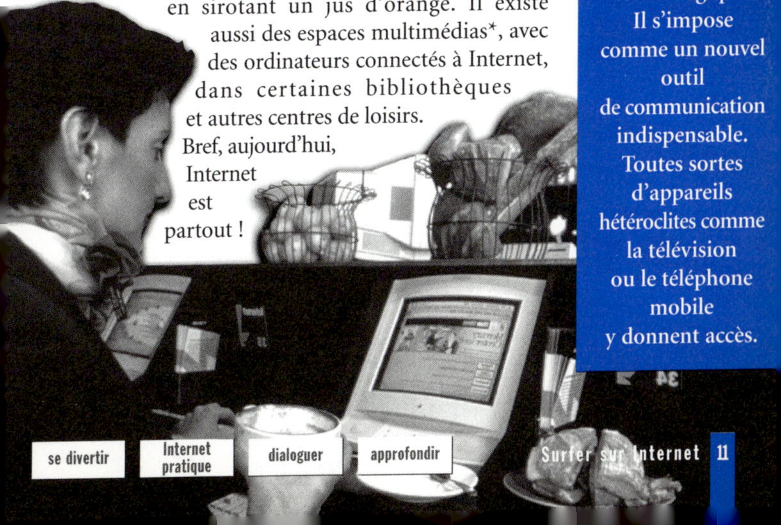

Entrer par le bon portail

Maintenant que vous êtes connecté à Internet, par où commencer ? Pour partir du bon pied dans le cybermonde*, vous pouvez passer par un portail.

Quelques portails
Club Internet
(*www.club-internet.fr*)
MSN Start
(*www.fr.msn.com*)
Voilà
(*www.voila.fr*)
Yahoo!
(*www.yahoo.fr*)

Qu'est-ce qu'un portail ?

Comme son nom l'indique, un portail* est une porte « d'entrée » sur le Web*. En fait, il s'agit d'un site* qui ne propose pas (ou peu) de contenu propre mais qui permet d'accéder à d'autres serveurs (synonyme de site).

Ce concept est apparu en 1997 avec la multiplication des services sur Internet. C'est une sorte de « bouquet » qui fédère des services provenant de l'ensemble du Web. Mais cette notion est un peu fourre-tout. Tentons d'y voir plus clair.

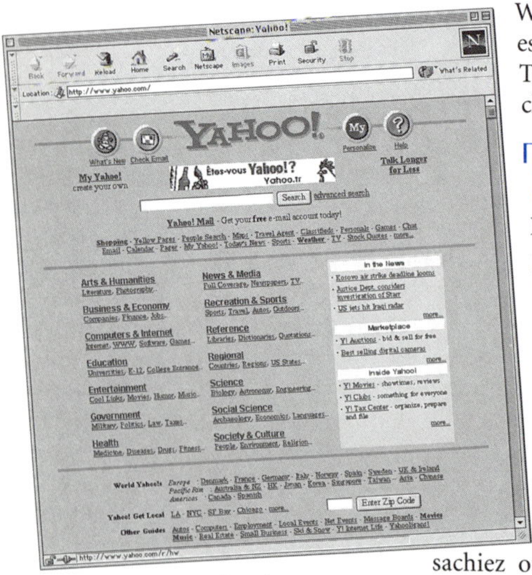

Un outil de recherche

Parmi les principaux portails, on trouve les grands moteurs de recherche* qui servent à dénicher toutes sortes d'informations sur le Web (*voir* pp. 14-15).

Ce sont d'excellents points d'entrée sur Internet, que vous sachiez ou non ce que vous cherchez. Vous pouvez lancer une recherche en particulier ou partir à l'aventure. Vous y trouverez certainement de bonnes idées pour surfer.

L'info en plus

Outre des fonctions de recherche, de nombreux portails proposent également toutes sortes d'informations : les titres de l'actualité, des renseignements pratiques, l'agenda des spectacles, un service gratuit de mél*. Par exemple, le service Start de Microsoft permet de revoir les journaux télévisés de France 3, de consulter les prévisions de Météo France et d'écouter les chroniques de France-Info, sans avoir besoin de se connecter séparément à chacun de ces sites.

Mon portail personnel

Certains portails peuvent être personnalisés. On peut indiquer le type d'informations que l'on souhaite voir apparaître sur la page d'accueil* (*voir* ci-contre) : actualité internationale, nationale, économique, nouveaux sites Internet, prévisions météo, etc. Chaque fois que vous vous connecterez, le contenu de la page sera réactualisé en fonction des critères que vous aurez spécifiés à l'avance. Très pratique.

Portails thématiques

Il existe aussi de petits portails thématiques consacrés exclusivement à un domaine particulier. Par exemple, Comfm (*www.comfm.fr*) fournit la liste de toutes les radios et télévisions que l'on peut écouter sur Internet ainsi qu'un répertoire des webcams* du monde entier. Sur Club Internet, vous trouverez une sélection des meilleures ressources du Net, des interviews, des discussions IRC* en direct avec des stars, etc.

Un enjeu commercial

Derrière tous ces portails se cachent des entreprises commerciales dont le but est d'attirer le maximum d'internautes*, afin d'enregistrer le plus fort taux de consultation et ainsi d'engranger de la publicité. C'est la course à l'audimat du Web ! On assiste donc à la multiplication des portails. Pour s'y retrouver, il faudra bientôt des portails de portails…

Page d'accueil
Vous pouvez paramétrer* votre navigateur* (*voir* pp. 6-7) pour qu'il s'ouvre à chaque fois sur votre portail préféré. Allez dans « *options* » ou « *préférences* » et, dans la rubrique « *page d'accueil* », tapez l'adresse du portail de votre choix. Chaque fois que vous vous connecterez, vous serez immédiatement mis en relation avec votre portail favori.

Un portail est une porte d'entrée sur le Web qui permet d'accéder à d'autres sites et à toutes sortes d'informations. Ce sont de bons points de départ pour surfer sur le Net.

Qui cherche trouve

Sur Internet, le plus difficile, c'est de trouver ce que l'on cherche. Pour y voir clair dans cette forêt numérique*, on utilise des annuaires électroniques consultables directement sur le Web : les répertoires et les moteurs de recherche.

Deux types d'annuaires

Quelle est la hauteur de la tour Eiffel ? La réponse à cette question se trouve certainement sur Internet. Mais où ? Pas facile de dénicher une information dans ce gigantesque bazar électronique ! Heureusement, il existe des sites* spécialisés qui permettent de trouver à peu près tout ce que l'on cherche. En fait, on distingue deux types d'outils : les répertoires de recherche* (pour obtenir l'adresse d'un site Web en particulier) ; les moteurs de recherche* (pour localiser précisément une information sur le Web*).

Avalanche de réponses !

Pour accéder à un annuaire, tapez son adresse* (*voir* ci-contre) ou bien cliquez sur le bouton « *rechercher* » de votre navigateur* afin d'être mis en relation avec certains annuaires sélectionnés par l'éditeur de votre logiciel*. Ensuite, pour mener une recherche, deux méthodes : vous pouvez soit consulter les rubriques et sous-rubriques proposées (ici : Villes – Paris – Monuments – Tour Eiffel, etc.), soit taper sur le clavier des mots-clés (Tour Eiffel). Mais attention au déluge de réponses ! Vous obtiendrez, par exemple, le site officiel* de la grande dame de fer (*www.tour-eiffel.fr*) mais également de nombreux sites touristiques ainsi que… le site de la Compagnie d'ambulances de la tour Eiffel !

Quel outil utiliser ?

Faut-il choisir un répertoire ou un moteur ? Cela dépend de ce que vous recherchez. Un répertoire comme Yahoo! ou Voilà sera pratique pour localiser

Gratuit !
Les annuaires en ligne* sont gratuits. Leur financement est assuré par les annonces publicitaires.

Répertoires de recherche
Lycos : ***www.lycos.fr***
Nomade : ***www.nomade.fr***
Voilà : ***www.voila.fr***
Yahoo! France : ***www.yahoo.fr***

Moteurs de recherche
Altavista : ***www.altavista.com***
Ecila : ***www.ecila.fr***
Excite : ***www.excite.fr***
Francité : ***www.francite.fr***
Hotbot : ***www.hotbot.com***
Infoseek : ***www.infoseek.com***
Metacrawler : ***www.metacrawler.com***

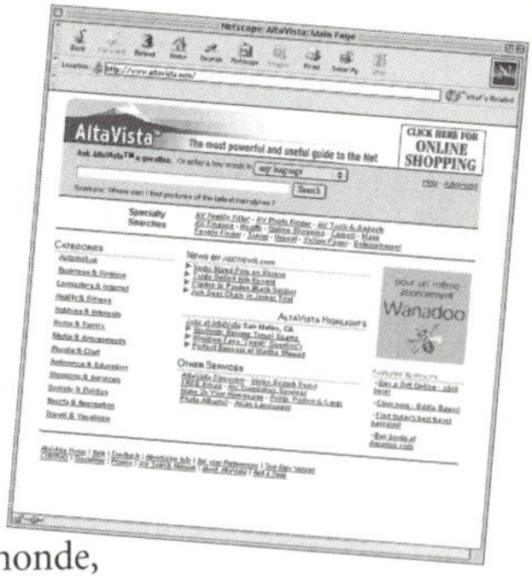

rapidement le serveur officiel du monument parisien (ensuite, à vous de fouiller dans les pages afin de découvrir combien il mesure). Au contraire, avec un moteur comme Altavista ou Hotbot et à l'aide des mots-clés « hauteur tour Eiffel », vous pouvez espérer tomber précisément sur une page Web*, quelque part dans le monde, qui contiendra ce renseignement. Avec le temps, on apprend à utiliser tel ou tel annuaire en fonction de ce que l'on veut débusquer.

Formuler sa requête

Tous les annuaires ne fonctionnent pas de la même façon, et les réponses peuvent varier de l'un à l'autre. Certains sont mondiaux, et d'autres ne s'intéressent qu'aux sites francophones. Pour recueillir des réponses pertinentes, il faut formuler sa requête avec précision : ne faites pas de fautes d'orthographe, respectez les majuscules et les minuscules et sachez que les moteurs anglophones ignorent la plupart du temps les caractères accentués.

Encore plus fort

Pour une recherche approfondie, vous pouvez utiliser les termes anglais AND (ET) et OR (OU) que l'on appelle « opérateurs logiques booléens » : « *Tour AND Eiffel OR eiffel* » signifie à peu près « *cherche toutes les pages Web contenant les mots Tour ET Eiffel OU eiffel* ». Vous pouvez aussi interroger plusieurs moteurs à la fois en utilisant un « méta-moteur » comme Metacrawler. Celui-ci transmettra votre demande à différents sites de recherche et fournira les réponses correspondantes. Certains annuaires comme Excite (*voir* ci-contre à gauche), appelés « agents intelligents », sont même capables d'interpréter votre demande et de proposer des notions apparentées telles que : « excursions, tour operators, etc. ».
Au fait… une exploration judicieuse nous apprendra que la tour Eiffel mesure exactement 318,7 mètres.

Comment ça marche ? Un répertoire de recherche est un immense catalogue alimenté par des « cyber-documentalistes ». Au contraire, les moteurs de recherche fonctionnent sans intervention humaine à l'aide de logiciels « robots » qui explorent en permanence le Web. Ainsi, Altavista indexe quotidiennement 10 millions de pages !

Pour trouver une information sur Internet, il faut apprendre à manipuler les répertoires et moteurs de recherche qui sont des outils sophistiqués d'investigation.

Lire le journal sur Internet

Internet est un kiosque multimédia* qui permet de lire des journaux du monde entier. On peut suivre l'actualité en temps réel et même recevoir des nouvelles directement dans sa boîte aux lettres électronique.

Les nouvelles du monde au bout des doigts

La plupart des journaux français sont présents sur Internet : *Libération* (*www.liberation.fr*), *Le Monde* (*www.lemonde.fr*), *L'Express* (*www.lexpress.fr*) ou encore *Elle* (*www.elle.fr*). On trouve aussi de nombreux quotidiens régionaux : *Les Dernières Nouvelles d'Alsace* (*www.dna.fr*), *Ouest France* (*www.ouest-france.com*), *Sud-Ouest* (*www.sudouest.com*), etc. Et puis, Internet, ce sont également tous les journaux étrangers à portée de main : le *New York Times* (*www.nytimes.com*), le *Times* de Londres (*www.the-times.co.uk*), *L'Orient-le-Jour* de Beyrouth (*www.lorient-lejour.com.lb*)...

Webzines
Les webzines sont de petits journaux électroniques sur le Web, souvent réalisés par des amateurs. Exemple : *Le Petit Bouquet* (*www.le-petit-bouquet.com*).

Un vrai média

Attention, la version électronique d'un journal n'est pas forcément la copie conforme de son édition papier. Si l'on retrouve généralement sur le Web* les principaux articles, mais parfois mis en pages différemment, certaines rubriques peuvent être absentes et d'autres spécifiquement développées sur le site*. En effet, Internet est un média à part entière qui autorise de nouvelles formes journalistiques. Par exemple, tandis que la une d'un quotidien papier est imprimée une fois par jour, celle d'un journal en ligne* peut être réactualisée plusieurs fois en 24 heures.

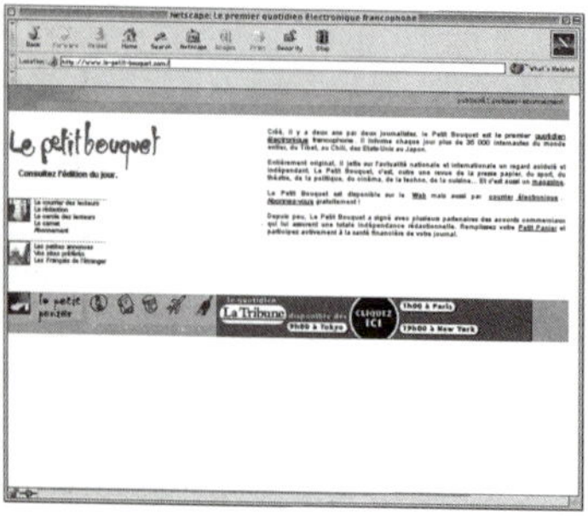

L'info en temps réel

Internet, c'est toute l'information en temps réel. Par exemple, sur le site Actualinfo (*www.actualinfo.com*), on peut suivre l'actualité quotidienne grâce aux dépêches et aux photos de la célèbre Agence France-Presse (1 200 journalistes dans 165 pays). Certains portails* (*voir* pp. 12-13) comme Yahoo! (*www.yahoo.fr*) proposent également des dépêches d'agences permettant de se tenir au courant en permanence. L'AFP elle-même (*www.afp.fr*) envoie des dépêches par mél* (attention, ce service est payant).

Les chaînes Web
Qu'est-ce qu'une chaîne Web ? C'est un site qui « pousse » des informations directement vers votre ordinateur (technique du *push*). À ne pas confondre avec une chaîne de télévision diffusant sur le Web. Cliquez sur le bouton « *chaînes* » (« *channels* ») de votre navigateur* puis, par exemple, sur l'AFP. Ensuite, choisissez « *add to active desktop* », et l'actualité défilera dans un coin de votre écran.

Journaux à la carte

Le quotidien *Libération* assure également, sur simple demande, l'expédition par courrier électronique du sommaire du journal (gratuitement). Et puis, l'avantage du Web, c'est que vous pouvez vous fabriquer votre propre journal à la carte ! Par exemple, sur le site Crayon (*www.crayon.net*) – à condition de parler anglais –, on peut sélectionner des rubriques provenant de différents quotidiens ou hebdomadaires américains et britanniques, et se créer ainsi un véritable journal personnalisé.

Journaux *on line*
Certains journaux sont diffusés exclusivement sur Internet. Par exemple : le magazine américain d'information générale *Slate* (*www.slate.com*) qui appartient à Microsoft.

Gratuit ou payant ?

La plupart des journaux en ligne sont gratuits car ils sont financés par la publicité. Il faut donc accepter les nombreux bandeaux publicitaires qui ornent les pages Web*. Quelques quotidiens, toutefois, sont payants comme par exemple *Le Monde* : seule la première page est gratuite mais, pour accéder au reste du journal, il faut sortir son porte-monnaie électronique (même prix qu'en kiosque). Enfin, lorsque des journaux proposent leurs archives sur le Web, celles-ci sont généralement payantes.

Internet devient un véritable média d'information. De plus, il permet à la presse traditionnelle de rayonner aux quatre coins du monde.

Radios et télés sur Internet

Savez-vous que vous pouvez écouter la radio et regarder la télévision sur Internet ? On peut accéder à des centaines de chaînes dans le monde entier. Le Web brise les frontières de l'audiovisuel.

Plug-in
Pour écouter la radio ou regarder la télévision sur le Net, il faut d'abord télécharger* le *plug-in *RealPlayer* (*www.real.com*).**

Radios en ligne*

« *Où que vous soyez dans le monde, écoutez France-Info* », dit le slogan. La chaîne d'information continue de Radio France fut la première en Europe à s'installer sur Internet. Pour l'écouter en direct, il suffit de se connecter au site Radio France (*www.radio-france.fr*). Vous y trouverez aussi des reportages et des chroniques en provenance des différentes stations du groupe : France-Inter, France-Culture, Le Mouv', etc. Sans oublier des éléments sonores et des informations écrites complémentaires. Bref, c'est une nouvelle manière d'écouter la radio. Par exemple, vous pouvez retrouver les chroniques sur France-Info de l'auteur de cet Essentiel en cliquant sur la rubrique « Multimédia et Infonet ».

Web télés

Pour la télévision, c'est pareil. Il est possible de revoir le journal de TF1 après sa diffusion (*www.tf1.fr*) ou les éditions régionales de France 3 (*www.france3.fr*). Malheureusement, si le son est acceptable sur Internet, la qualité des images laisse encore fortement à désirer. Impossible de regarder la télé en plein écran (pour l'instant...), et l'image est un peu saccadée, lorsqu'elle n'est pas carrément interrompue pour cause d'engorgement du réseau. Malgré cela, quoi de plus fascinant que de suivre un *sitcom* en direct des États-Unis ou les actualités d'une chaîne chinoise (*voir* photo ci-contre en haut)?

Annuaire
Pour retrouver l'adresse des sites des chaînes de radio et de télévision du monde entier : Comfm (*www.comfm.fr*). Toute l'actualité de la bande FM est sur Radio Actu (*www.radioactu.com*).

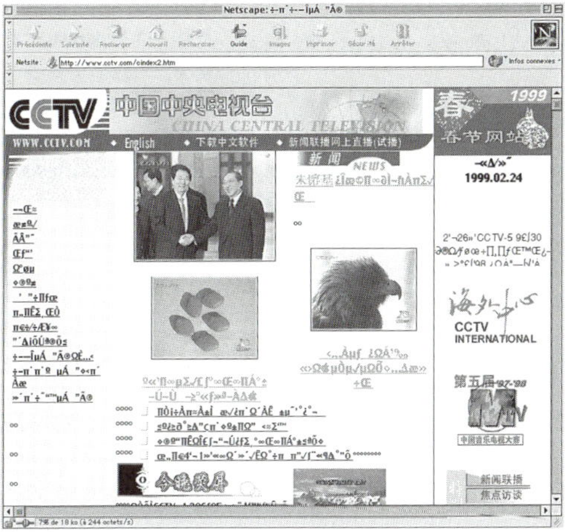

Programmes interactifs

Les radios et les télévisions peuvent proposer sur Internet des services interactifs* supplémentaires : la grille des programmes, des informations écrites venant compléter les reportages sonores, etc. Grâce au Web*, les auditeurs peuvent mieux connaître leur radio ou leur chaîne de télévision préférées et même écrire aux animateurs par mél*. Pour les Français de l'étranger, c'est un excellent moyen de rester en contact avec les émissions françaises.

Web médias

Certaines chaînes de radio et de télévision sont diffusées uniquement sur Internet (impossible de les capter autrement). Par exemple, la société française Canal Web ambitionne de devenir le leader de la télévision interactive en proposant des reportages et des émissions exclusivement sur le Web (*www.canalweb.net*). Quelques bricoleurs produisent également leurs propres émissions de télévision (mais peut-on vraiment parler de télévision ?) à l'aide d'une caméra vidéo numérique* et d'un peu d'imagination…

La frontière est mince entre la diffusion traditionnelle et la diffusion par Internet. De nombreux programmes audio et vidéo sont disponibles sur le Web en direct ou en différé.

Organiser son voyage sur le Web

Pour préparer un tour du monde, rien de tel qu'un réseau... mondial. Si vous envisagez de partir aux antipodes, ou simplement en week-end à la campagne, consultez le Web. C'est une véritable mine d'informations !

Le monde à portée de main

Avant de boucler vos valises, vous pouvez visiter virtuellement presque tous les pays du monde sur Internet. Commencez, par exemple, par le site* Virtual Tourist (*www.vtourist.com*), un serveur américain qui propose une foule de cartes et de renseignements ainsi que des liens hypertextes* vers des sites aux quatre coins du globe. Un petit tour aux États-Unis (le site de la bibliothèque du Congrès américain propose des parcours touristiques *www.loc.gov*) ? Ou plutôt au Québec (*www.quebec-web.com*) ? Le fantastique maillage du Net permet de rebondir d'un bout à l'autre de la planète à la découverte des mille et une merveilles du monde.

Tous les pays en ligne
Pour trouver un pays sur le Web, tapez tout simplement son nom sur un annuaire comme Yahoo! (*www.yahoo.fr*, *voir* pp. 12 à 15).

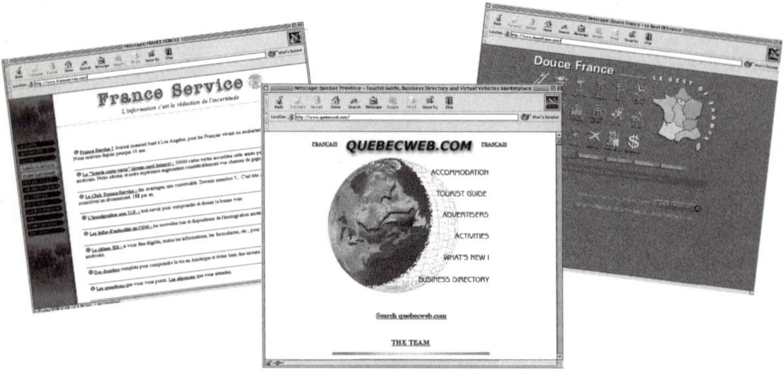

Une visite virtuelle...

Si c'est un petit week-end en France qui vous tente, qu'à cela ne tienne : commencez, par exemple, par Douce France (*www.doucefrance.com*), une sorte d'annuaire touristique du Web* français qui vous renverra vers des villes et des régions de l'Hexagone disposant d'un site sur Internet. Vous pourrez réserver un hôtel en Bretagne (*www.bretagne.com*) ou visiter virtuellement la tour Eiffel (*www.tour-eiffel.fr*)... Consultez Pages de Paris (*www.paris.org*), un annuaire-agenda des manifestations dans la capitale (facétie du réseau mondial, ce site est hébergé* aux... États-Unis). Enfin, pour préparer un week-end aux sports d'hiver, consultez Ski France (*www.skifrance.fr*).

... et un billet bien réel

Pour acheter un billet de train en ligne*, cliquez tout simplement du côté de la SNCF (*www.sncf.fr*). Pour un billet d'avion, voyez cela dans une agence de voyages « virtuelle » à prix dégriffés comme Dégriftour (*www.degriftour.fr*). Nouvelles Frontières (*www.nouvelles-frontieres.com*) organise même des ventes aux enchères de billets d'avion ! Le Club Med (*www.clubmed.com*) est également sur le Web. Enfin, vous pouvez réserver une voiture de location par Internet (c'est parfois moins cher !) chez Hertz (*www.hertz.com*) ou Europcar (*www.europcar.fr*).

Conseils pratiques

Avant de partir à l'étranger, vous pouvez glaner quelques renseignements pratiques sur le *Guide du Routard* en ligne (*www.routard.com*). N'oubliez pas de vérifier la liste des formalités et des vaccins nécessaires auprès du ministère des Affaires étrangères (*www.france-diplomatie.fr*). Et si vous envisagez de vous expatrier pour de bon aux États-Unis, allez faire un tour sur le site des Français de Californie (*www.franceservice.com*), truffé de conseils et de commentaires, parfois sans concession, sur nos voisins d'outre-Atlantique.

Quelques sites touristiques français
Offices du tourisme (*www.tourisme.fr*)
Pages tourisme (*www.pagestourisme.com*)
Mairie de Paris (*www.paris-france.org*)
Château de Versailles (*www.chateau-versailles.fr*)

Webcam
Pour voir en direct le temps qu'il fait sur une plage au bout du monde, branchez-vous sur une webcam* dont vous trouverez la liste sur Comfm (*www.comfm.fr*).

Internet permet de préparer un voyage et même de réserver directement son billet de train ou d'avion sur le Web. Profitez des promotions réservées aux internautes* !

Visiter les musées... virtuels !

Les plus beaux musées du monde sont sur Internet. Pas besoin de ticket ni de prendre la file d'attente. C'est parti pour une visite virtuelle !

Le Louvre en ligne*

Si vous n'avez jamais visité le Louvre, faites donc un tour sur le site Web* du Louvre virtuel (*www.louvre.fr*). Sans quitter votre siège, du bout de votre souris, vous pourrez vous promener dans les allées du célèbre musée.
Grâce à la vidéo interactive*, vous admirerez autant le lieu lui-même que les œuvres qui y sont exposées. Vous pourrez contempler quelques peintures, zoomer sur les toiles, tourner – virtuellement – autour des statues pour les examiner sous tous les angles, et, bien sûr, obtenir de nombreuses informations concernant ces joyaux du patrimoine.

Plug-in
Pour visiter certains musées virtuels, il faut télécharger* le *plug-in *Quicktime VR* (*www.apple.com/quicktime*) qui permet d'observer les lieux de manière interactive.**

Cybermusées

De très nombreux musées sont présents sur Internet : le musée d'Orsay (*www.musee-orsay.fr*), les collections d'art contemporain du Centre Georges-Pompidou (*www.newmedia-arts.org*), le musée russe de l'Ermitage (*www.ermitage.ru*), le British Museum de Londres (*www.british-museum.ac.uk*), le musée d'Art moderne de New York (*www.moma.org*), etc. Il en existe des centaines !
Vous trouverez les coordonnées de tous les musées du monde sur l'excellent portail* Musexpo (*www.musexpo.fr*).

Œuvres choisies

Bien sûr, n'espérez pas admirer sur Internet toutes les œuvres de chaque musée. Il n'y a généralement que quelques pièces sélectionnées. Mais, au moins, on peut les examiner tranquillement, dans l'intimité cathodique de son ordinateur, sans affronter la foule de ces grands lieux publics.

Préparer sa visite

Certes, une visite virtuelle ne remplacera jamais une vraie visite. Mais c'est un bon aperçu pour tous ceux qui vivent loin des grandes villes et qui n'ont pas la chance de pouvoir se rendre facilement au musée. En ce sens, Internet contribue à la démocratisation de l'art. Le Web est aussi très pratique pour préparer une « vraie » visite car l'on peut consulter, sur chaque site, les programmes, les horaires d'ouverture, les moyens de transport, etc.

Artistes multimédias

Le Web est aussi un lieu d'exposition original pour des œuvres que vous ne verrez nulle part ailleurs. Par exemple, le site N@rt (*www.nart.com*) présente des œuvres d'art virtuelles contemporaines en trois dimensions et diffuse, sur N@rt Channel, les images de webcams* (*voir* pp. 20-21) installées dans des ateliers d'artistes. À visiter également : les créations électroniques de l'artiste multimédia* Fred Forrest (*www.fredforrest.org*) qui fut le premier à vendre aux enchères sur le Web une œuvre d'art virtuelle (photo *ci-dessous*).
Et si, vous aussi, vous souhaitez exposer vos toiles ou vos photos, pourquoi ne pas créer vous-même votre propre galerie virtuelle sur Internet (*voir* pp. 52-53) ?

Des cyberœuvres sur nos murs
Sur Internet, on trouve des images d'œuvres existantes qui ont été numérisées* (par exemple, la reproduction d'une toile) mais également des œuvres d'art virtuelles réalisées en images de synthèse. Abstraites ou figuratives, celles-ci témoignent d'une nouvelle forme de création propre au XXIe siècle. Dans le futur, on accrochera sans doute aux murs, en guise de tableaux, des écrans plats qui diffuseront toutes sortes de cyberœuvres...

Internet révolutionne à la fois la diffusion et la création artistiques. Grâce au Web, on peut admirer des œuvres d'art du monde entier. On peut aussi créer des compositions virtuelles.

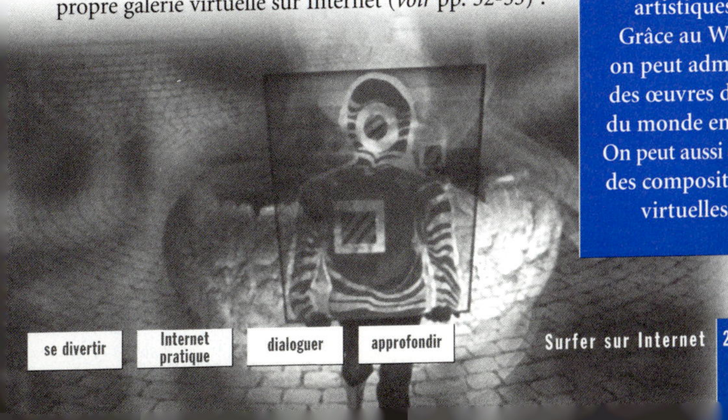

Faire ses devoirs sur Internet

Pas question d'abandonner les manuels scolaires, mais on peut tout de même faire des exercices sur le Web et suivre des cours en ligne. Bienvenue à la cyberécole !

Enseignement à distance

L'enseignement sur Internet est un prolongement logique de l'enseignement par correspondance. Il permet à ceux qui habitent loin des villes ou aux enfants malades de poursuivre leurs études chez eux grâce à l'ordinateur. C'est aussi un moyen pour des élèves vivant à l'étranger de garder le contact avec le système scolaire de leur pays d'origine. Pour tous les autres, c'est un complément idéal afin d'approfondir une formation, aussi bien à la maison qu'à l'école. Vous trouverez de nombreux sites* scolaires ou éducatifs sur Internet.

Cours virtuels

Quelques adresses intéressantes (services gratuits) :
– Centre national d'enseignement à distance (*www.cned.fr*) : des cours pour tous les niveaux – primaire, lycée – et même pour adultes.
– Corrigés du bac (*www.corrigebac.com*) : les annales pour préparer efficacement l'examen en consultant les sujets et les corrigés des années précédentes.
– Nathan entraînement (*www.nathan-entrainement.fr*) : des exercices en ligne*.
– Éditions Hatier (*www.editions-hatier.fr/annabac*) : on peut envoyer son devoir par courrier électronique (mél*) et recevoir un corrigé personnalisé !
– Cyberpapy (*www.cyberpapy.com*) : un site original qui met en contact des élèves et des grands-parents bénévoles, les seconds aidant les premiers à faire leurs devoirs. Idéal lorsque l'on bute sur un problème de mathématiques ou une version d'anglais !

Expériences en ligne
Pour réaliser des expériences de physique en direct sur le Web, allez donc faire un tour sur le site du palais de la Découverte (*www.palais-decouverte.fr*).

Apprendre tout en jouant

Il existe aussi des sites ludo-éducatifs.

– @près l'école (*www.apreslecole.fr*) : créé en 1998 par France Télécom avec des pédagogues et des médecins, ce site est une sorte de club en ligne réservé aux enfants. Il propose des reportages, des fiches documentaires pour préparer des exposés et des forums* pour discuter. Chaque enfant a sa messagerie personnelle.

– ID-Clic (*www.club-internet.fr/id-clic*) : précurseur dans ce domaine, il fournit toutes sortes d'articles et de jeux très attractifs pour les surfeurs de 8 à 15 ans.

– Les Enfants du Web (*www.hortus-soft.com*) : magazine interactif* pour les 8-12 ans.

Ces services sont payants sur abonnement.

Cyberécoles

On peut utiliser Internet à l'école comme support pédagogique, par exemple pour préparer un exposé (*voir* pp. 26-27). Et puis, de nombreux établissements ont aussi leurs propres sites Web, souvent tenus par les élèves eux-mêmes. Il faut visiter, ne serait-ce que pour le plaisir, le site de l'école de Piquecos (*www.ac-toulouse.fr/piquecos*), une petite commune de Tarn-et-Garonne de trois cents habitants, où les enfants présentent des photographies de leur classe sur le Web. Grâce au Net, de jeunes Québécois peuvent ainsi découvrir des écoles françaises, et *vice versa*. Élèves et professeurs peuvent échanger par mél des cours ou des conseils pédagogiques. Vous trouverez la liste des écoles francophones branchées sur Internet sur le site Écoles de France (*ecolfr.net*).

Institutions en lignes

Enfin, différents organismes publics sont présents sur le Web pour les enseignants et les parents : le Centre national de documentation pédagogique (*www.cndp.fr*) ; le ministère de l'Éducation nationale (*www.education.gouv.fr*) ; Éducnet (*www.educnet.education.fr*), un réseau de ressources consacré aux nouvelles technologies appliquées à l'école.

Internet fait son apparition dans l'univers scolaire. En classe, il sert à consulter des services éducatifs. À la maison, il permet de travailler à distance.

Préparer un exposé grâce au Web

Internet est avant tout un lieu de savoir. Pour concocter un exposé, rien de tel que les plus grandes bibliothèques du monde. Vous trouverez aussi de nombreux renseignements en feuilletant les pages personnelles des internautes. Mais attention à la désinformation…

Bibliothèques virtuelles

Avec les musées (*voir* pp. 22-23), les bibliothèques constituent l'une des grandes richesses du Net et un formidable outil pour travailler un sujet ou un cours. Voici quelques adresses :

– la Bibliothèque nationale de France (*www.bnf.fr*) : on peut consulter les catalogues. Bientôt, on pourra télécharger* des ouvrages entiers pour les lire à domicile sans se déplacer !

– Gallica (*gallica.bnf.fr*) : c'est une émanation de la BNF qui propose justement des ouvrages en téléchargement. Consacré pour l'instant uniquement au XIXe siècle français, le site* contient tout de même 2 millions de pages et 10 000 illustrations.

– La bibliothèque du Congrès américain (*Library of Congress*, *www.loc.gov*) : avec plus de 110 millions de documents dans toutes les langues, c'est l'une des plus gigantesques mines d'informations sur le Web*.

Info ou intox ? Attention, on trouve de tout sur Internet : du vrai comme du faux ! Vérifiez que vous êtes bien sur un site officiel* ou émanant d'un spécialiste. Malheureusement, il n'est pas toujours facile de savoir qui est l'auteur d'un site Web…

L'écume de la vague multimédia*

Imaginons par exemple que vous ayez à plancher sur le roman de Boris Vian (1920-1959) *L'Écume des jours* (1947). Commencez par lancer une requête sur un répertoire de recherche* (*voir* pp. 14-15) comme Voilà (*www.voila.fr*) : tapez « Boris Vian » et examinez les réponses. Si vous ne trouvez pas ce que vous cherchez,

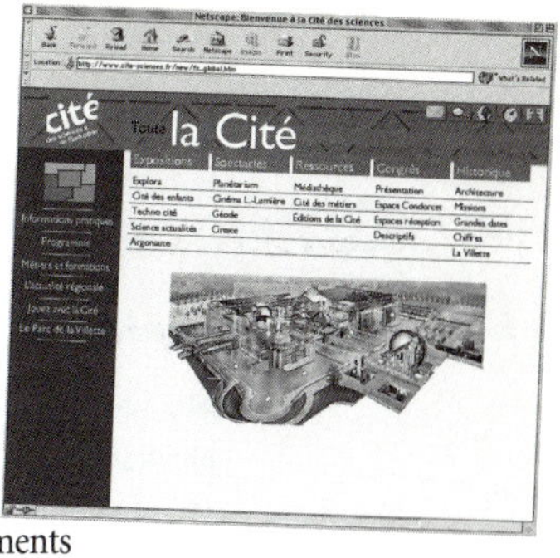

essayez « Écume des jours » ou bien « littérature ». N'hésitez pas à croiser vos recherches avec d'autres annuaires (Yahoo!, Lycos, Altavista, etc., *voir* pp. 14-15). Vous découvrirez certainement de nombreuses pages consacrées à Boris Vian et même des analyses toutes prêtes de son œuvre. Bref, des documents très utiles pour préparer un exposé.

Prudence !

Attention, toutefois, ne recopiez pas telles quelles les pages que vous dénichez sur le Web. D'abord, votre professeur surfe peut-être lui aussi sur Internet et il risque de vous accuser de plagiat… Ensuite, la plupart de ces documents sont sans doute des pages personnelles*, c'est-à-dire des articles publiés par des internautes* anonymes. C'est très pratique mais… méfiez-vous ! À moins de tomber par chance sur le site d'un professeur de littérature émérite, ces pages ne sont pas forcément exemptes d'erreurs ni d'approximations. Par précaution, confrontez les informations que vous trouvez sur les sites Web* et multipliez les recherches afin de vérifier leur authenticité.

Cyberprofs

Les enseignants aussi peuvent utiliser Internet pour préparer leurs cours. Voici quelques sites intéressants :

– Éducasource (*www.educasource.education.fr*) : une riche base de données documentaire émanant de l'Éducation nationale qui permet des recherches par rubriques ou par mots-clés.

– France Télécom Édu (*www.edu.francetelecom.fr*) : de nombreuses ressources dans le domaine de l'éducation.

– La Cité des sciences (*www.cite-sciences.fr*) : une promenade dans les « salles virtuelles » vous apprendra toutes sortes de choses sur les sciences et les techniques, ainsi que sur la manière de présenter ces disciplines aux enfants.

Le Web constitue une source infinie d'informations aussi bien pour les élèves que pour les enseignants. De nombreux documents sont accessibles, et gratuits la plupart du temps. Mais attention, tous ne sont pas fiables.

Cinéma, BD, sport...

Le grand écran investit le petit (celui de votre ordinateur) et la BD s'affiche en cathodique ! Amateurs de cinéma, de bande dessinée, de sport ou simplement d'images... vous allez être comblés.

Affiches
Pour acheter des affiches de cinéma, cliquez sur Cinéplus (*www.cineplus.com*).

Le 7e art fait son ciné sur le Web

Il existe plusieurs très bons sites* francophones spécialisés dans le cinéma qui proposent des informations sur tous les films et toutes les vedettes, anciens ou actuels. Signalons, par exemple, Écran noir (*www.ecran-noir.com*) et Planète Cinéma (*www.planetecinema.com*). En cherchant bien, vous trouverez aussi des thèses, des articles de presse, des listes de diffusion (*voir* pp. 46-47), etc. Par ailleurs, chaque grosse production s'accompagne désormais d'un site Web officiel* : *Star Wars* (*www.starwars.com*), *La vie est belle* (*www.lavieestbelle.com*), *Les Visiteurs* ou *Le Prince de Sicile* sur le site de Gaumont (*www.gaumont.fr*), etc.

Stars *on line*

Toutes les stars sont également sur Internet : Leonardo DiCaprio, Cameron Diaz, Gérard Depardieu, Sophie Marceau, etc. Il suffit de consulter la rubrique « Cinéma » de n'importe quel annuaire en ligne* (*voir* pp. 14-15) pour les voir tous apparaître. Vous trouverez des dizaines de serveurs, français et étrangers, dédiés à des acteurs et des actrices, truffés de photos et de renseignements filmographiques. Attention, la plupart du temps, ces sites ne sont pas officiels mais créés par des fans. Il y a donc du bon et... du moins bon.

Bulles dans le Web

La bande dessinée fait, elle aussi, la fête sur le Net. Voici quelques adresses :

– BD Paradisio (*www.bdparadisio.com*) : un haut lieu de la BD sur le Web avec cinq cents biographies d'auteurs, des annonces d'événements, etc.

– Festival d'Angoulême (*www.bdangouleme.com*) : le site officiel du célèbre festival.
– Tintin (*www.tintin.be*) : le domicile virtuel en Belgique du fameux reporter…
– Astérix (*www.asterix.tm.fr*) : le site le plus gaulois du Web.
– Milo Manara (*www.milomanara.it*) : site personnel du dessinateur italien.
– Dargaud (*www.dargaud.fr*) et Casterman (*www.casterman.fr*) : deux grands éditeurs français de bande dessinée.
– *Fluide glacial* (*www.fluideglacial.tm.fr*) : l'incontournable rendez-vous des fanas « *d'umour et bandessinées* ».
– Cybermanga (*www.cybermanga.com*) : les inévitables mangas japonais.

Sports sur écran

Côté sport, le Net n'est pas en reste. Amateurs de ballon rond, ovale ou autre, voici de quoi vous ravir : Allez France (*www.allezfrance.org*), site (non officiel !) de l'équipe de France de football ; Zidane (*www.zidane.net*), LE site personnel de la star du Mondial 98 ; CFoot (*www.cfoot.com*), du football, rien que du football ; Jeux Olympiques (*www.olympic.org*), site officiel du Comité international olympique (CIO).
Pour le basket, le handball, l'aviron, la gym ou la pelote basque, consultez votre annuaire favori…

Images numériques*

Pour les esthètes ayant la passion de l'image, quelques sites de photos et d'illustrations en tout genre :
– Photographie (*www.photographie.com*) et Pêcheur d'images (*www.pecheur-d-images.com*) : deux sites d'amateurs de photographie.
– Corbis (*www.corbis.com*) : une gigantesque banque d'images appartenant à Bill Gates, le patron de Microsoft.
– Altavista (*www.altavista.com*) : grâce à l'option « *photo finder* » de ce moteur de recherche* (*voir* pp. 14-15), on peut dénicher n'importe quelle image sur le Web en tapant simplement un mot-clé comme montagne, chien, ordinateur, etc.

Internet regorge de sites consacrés à de nombreux arts et loisirs. Ils sont officiels ou simplement créés par des internautes* passionnés.

L'enfer du cyberjeu

Internet, c'est le paradis du jeu ! Jeux de stratégie, de hasard, d'aventures et même jeux d'argent... À vous de choisir pour vous amuser en solo ou avec des partenaires du monde entier.

Quelques éditeurs de jeux
www.ubisoft.fr
www.sierra.fr
www.microsoft.com/france/jeux

Jeux à télécharger

L'avantage d'Internet, c'est que l'on peut télécharger* toutes sortes de jeux très facilement. Il suffit de les récupérer sur le Web*, comme on les achèterait en magasin, puis de les installer* sur son ordinateur. On peut alors se déconnecter (c'est plus économique) et jouer librement. Il y a notamment les inévitables jeux de massacre tels *Doom*, *Duke Nukem* ou *Quake* qui font le régal de tous. Parfois, ces jeux sont payants mais il existe aussi des versions de démonstration gratuites. Une bonne adresse : *Download* (*www.download.com*), rubrique « *games* ».

Jeux en ligne*

Certains jeux ne peuvent pas être téléchargés et nécessitent de rester connectés pour faire une partie. Ils sont souvent très distrayants mais attention à la facture de téléphone ! Par exemple, vous pouvez faire une partie de Mastermind ou de solitaire (*www.multimania.com/fmaire*), ou encore tester votre niveau aux échecs sur France Échecs (*www.france-echecs.com*). Hormis les frais de communication, ces jeux sont entièrement gratuits.

Jeux en réseaux

Les jeux vidéo sur ordinateur, c'est bien, mais, si vous en avez assez de jouer seul contre la machine, Internet vous offre la possibilité d'affronter à distance d'autres joueurs en chair et en os. Une partie de backgammon avec un Australien ? Une session de *Doom* avec un Chinois ?

À n'importe quelle heure du jour ou de la nuit, vous pouvez rencontrer un adversaire. Branchez-vous, par exemple, sur le site québécois Mégagiciel (*www.megagiciel.com*), rubrique « jeux », ou sur Yahoo! Games (*play.yahoo.com*). Vous trouverez certainement votre bonheur parmi les centaines de jeux proposés.

Lara's news
Lara Croft, l'héroïne emblématique du jeu *Tomb Raider*, a son propre journal sur le Web, le *Croft Times* (*international.ctimes.net/fr*).

Casinos virtuels

Si vous ne craignez pas de vous faire dévaliser et de jouer à distance, vous pouvez tenter votre chance dans un casino virtuel. Et jouer de l'argent bien réel ! On commence par vous demander votre numéro de carte bancaire, et hop ! c'est parti : roulette, black-jack, bandit manchot… Sans le savoir, vous vous retrouvez connecté à un serveur situé dans un paradis fiscal, quelque part dans l'océan Indien. Ce n'est pas franchement illégal, mais pas franchement recommandé non plus. Comme dans un vrai casino, on gagne un peu au début et puis après… On peut citer, entre autres, le site* Parier (*www.parier.net*).

L'univers du jeu

Enfin, sur Internet, vous pouvez suivre toute l'actualité des jeux électroniques. Voici deux repères pour passionnés : Goa (*www.goa.com*) et Jeuxvidéo (*www.jeuxvideo.com*). Là, vous trouverez des articles sur les nouveautés, des *patchs* (correctifs pour logiciels*) et autres *cheat codes* (combinaisons de touches pour tricher…). Vous pourrez dialoguer avec d'autres fanas et, bien sûr, découvrir les dernières versions d'évaluation de vos jeux favoris… En fouillant bien, vous tomberez également sur les *homepages** de quelques mordus de jeux vidéo qui vous livreront leurs trucs et astuces.

Depuis ses origines, Internet fait le bonheur des joueurs en tout genre. Il est encore un peu lent pour certaines parties à plusieurs mais il constitue sans doute l'avenir du loisir électronique !

Le Web insolite

Entarteurs, plagieurs, gobeurs de Flamby... Les internautes se lâchent ! Pour notre plus grand plaisir. Voici quelques échantillons de sites Web insolites, des plus étonnants aux plus absurdes.

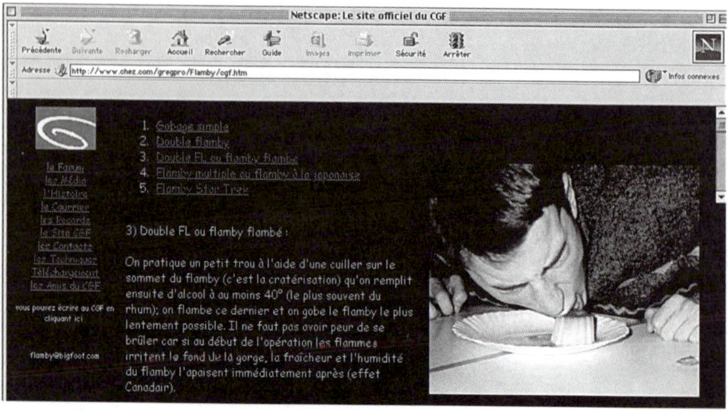

Le temps Internet

Non content de révolutionner la communication entre les hommes, Internet révolutionne aussi le temps ! Le célèbre Media Lab, le laboratoire du futur du *Massachusetts Institute of Technology* (MIT) aux États-Unis, associé au fabricant suisse de montres Swatch, a inventé le « Temps Internet ». La journée est divisée en 1 000 *beats* (en français : « pulsations ») valant chacun environ 1 minute et 26 secondes. Ainsi, lorsqu'il est midi à Paris et 6 heures du matin à New York, il est 500 *beats* (on écrit : @500) dans le cyberespace*. Cela permet, par exemple, à un internaute* français de donner rendez-vous à un Américain pour un *chat** (*voir* pp. 48-49) sans s'emmêler les pinceaux dans les fuseaux horaires (*www.swatch.com*).

Pétition
Vous êtes militant dans l'âme ? Le site La Pétition (*www.lapetition.com*) est réservé à toutes les pétitions.

Tartes à la crème

Les « entarteurs », ces originaux qui expédient des tartes à la crème en pleine figure des stars, exposent leur tableau de chasse sur Internet (*www.gloupgloup.com*). Sur ce site belge, dans la rubrique « Internationale pâtissière », vous trouverez la galerie de portraits des « entartés », de Godard à Bill Gates. Un Web* incontournable ! Également au chapitre gastronomique, voici le « Club des gobeurs de Flamby » (*www.chez.com/gregpro/flamby*) où l'on découvre les prouesses de ceux qui gobent d'un seul coup (sans cuillère !) ces desserts au caramel (photo *ci-contre*). Âmes sensibles s'abstenir…

Parodies

Particulièrement hilarantes sur le Web, les parodies. Par exemple :
– Jalons (*www.jalons.fr*) : le groupe Jalons, célèbre pour ses pastiches de journaux.
– Pierre la Police (*www.club-internet.fr/pierre-la-police*) : un site grinçant consacré au jargon du monde impitoyable de l'entreprise. On y parle « concept-client », « *process-designer* », « transferts de modalités »…
– Flake et Morniver (*users.skynet.be/sky03677*) : des sosies de Blake et Mortimer dans *L'Aventure du Merlan*…

La vie des bêtes

Voici encore quelques facéties en ligne* :
– Front libérateur des poulpes (*www.multimania.com/flpoulpe*).
– Front de libération des nains de jardin (*serveur.creaweb.fr/viv/flnj/flnj.html*).
– *Adopt an escargot* (*www.busprod.com/pokesfan/escargot.htm*), pour adopter un gastéropode virtuel.
– (*perso.wanadoo.fr/fontes/carambar.htm*) : un site réservé aux inoubliables blagues Carambar.
– Rigoler (*www.rigoler.com*) : des blagues en tout genre.
– (*www.argot.com*) : dictionnaire de l'argot en ligne.
– (*www.multimania.com/surfman*) : une collection de rires enregistrés.
– (*www.multimania.com/courtois/repondeur.htm*) : des idées de messages pour votre répondeur (« *Bonjour, le répondeur étant cassé, ici le frigo à l'appareil…* »).

Cyberstars
Vous trouverez sur Internet des photos – plus ou moins truquées – de stars plus ou moins dénudées… Ne vous laissez pas impressionner par une image de Gillian Anderson (la star de X-Files) ou de Monica Lewinsky (la star de la Maison Blanche) dans le plus simple appareil car il s'agit certainement de faux clichés, fruits du talent de truqueur numérique* de quelques internautes.

L'absurde le dispute au plus inutile dans certains recoins du Web qui est le lieu d'expression de tous les délires.

En avant la musique !

La musique est omniprésente sur le Net. On peut y lire des paroles de chansons, écrire aux artistes par mél* et surtout écouter des morceaux avec une qualité audio proche de celle d'une chaîne hi-fi !

La révolution MP3
Le MP3 est un nouveau procédé de compression* révolutionnaire qui permet de diffuser de la musique sur le Net avec une qualité équivalant quasiment à celle d'un CD laser ! Ce système est très utilisé sur Internet, mais attention il est illégal, car il concurrence la vente de disques et favorise le piratage (*www.mp3.com*).

Musique à la demande

Oubliez les CD, voici la musique à distance ! Pour écouter Madonna, Pascal Obispo ou Michel Polnareff, il suffit de cliquer. Le Net regorge de sites Web* musicaux, officiels* ou créés par des fans. On y trouve des photos, des paroles de chansons et surtout des morceaux de musique que l'on peut écouter sur son ordinateur. En branchant son PC* sur une chaîne hi-fi, le résultat est spectaculaire ! La musique est généralement au format *RealPlayer* (*voir* ci-contre) ou bien, encore mieux, au nouveau format haute qualité MP3 (*voir* encadré). Les morceaux sont la plupart du temps gratuits.

Téléchargement ou direct ?
Deux moyens pour écouter de la musique sur Internet : soit en téléchargeant un morceau au format MP3 pour l'écouter tranquillement même une fois déconnecté ; soit en direct (méthode dite du *streaming*) à l'aide du logiciel* *RealPlayer* (*www.real.com*), c'est plus rapide mais de moins bonne qualité.

Chanteurs en ligne

Voici quelques sites Web d'artistes :
- Madonna (*www.br.com/madonna*) : site officiel où l'on peut écouter des extraits de chansons.
- David Bowie (*www.davidbowie.com*) : l'un des premiers artistes à diffuser sa musique sur Internet.
- Rolling Stones (*www.the-rolling-stones.com*) : le programme des concerts et des informations sur la vie de ces super rock-stars.
- Pascal Obispo (*www.pascalobispo.com*) : site officiel du jeune chanteur français.
- Michel Polnareff (*www.polnaweb.com*) : un site superbe, créé par l'artiste lui-même, qui permet de redécouvrir de merveilleuses mélodies.

– Charlélie Couture (*www.charlelie.com*) : un site véritablement multimédia* où l'image et le son se marient subtilement.
– Space (*www.space.tm.fr*) : le site officiel du groupe mythique des années soixante-dix de Didier Marouani.

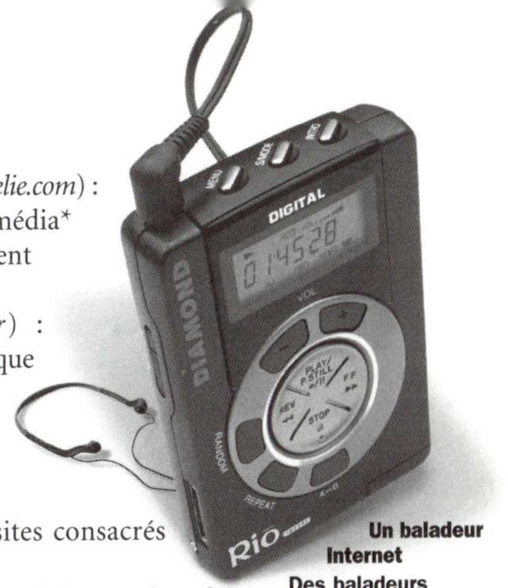

Un baladeur Internet
Des baladeurs d'un nouveau genre comme le Rio (photo *ci-dessus*) permettent d'écouter de la musique téléchargée sur le Web au format MP3. Il suffit de se connecter à Internet pour faire le plein de morceaux ; on peut ensuite les écouter tranquillement comme avec un baladeur traditionnel (*www.rioport.com*).

Passion musique

Il existe aussi de nombreux sites consacrés à la musique en général :
– Mondomix (*www.mondomix.org*) : le grand rendez-vous virtuel des musiques du monde.
– Jazz en France (*www.jazzfrance.com/fr*) : comme son nom l'indique, tout sur le jazz dans l'Hexagone.
– On Air (*www.on-air.com*) : une station de radio californienne diffusée uniquement sur Internet, qui permet d'écouter en *RealPlayer* différents genres de musique avec une qualité audio très acceptable.
– Les Inrockuptibles (*www.inrockuptibles.presse.fr*) : le site Web officiel du célèbre magazine de rock.
– Partitions MIDI (*www.ouaib.com/pointmid*) : un site pour télécharger* des partitions au format MIDI*, à jouer ensuite sur son synthétiseur.
– Novalis (*www.novalis.fr*) : pour commander des CD audio à distance et les recevoir à la maison.

Nouveau mode de diffusion

Dans le futur, l'acquisition de musique se fera certainement par Internet. Plus besoin d'aller acheter des disques dans un magasin, il suffira de télécharger des chansons à la demande sur le Web. Lorsqu'il ne s'agit pas d'enregistrements pirates, c'est en effet parfaitement légal. Déjà, certains sites officiels d'artistes ou de maisons de disques vendent des chansons à distance. On peut les conserver sur le disque dur de son ordinateur, sur MiniDisc ou sur tout autre support numérique*.

Internet regorge de musique en tout genre. Pop, rock, rap… Il y en a pour tous les goûts. Le Web remplacera bientôt les CD.

Faire son marché sur le Web

Acheter des disques, des victuailles ou une voiture... On peut TOUT commander sur Internet sans sortir de chez soi. Le cybercommerce est en plein boom !

Porte-monnaie électronique
D'autres moyens pour payer sur Internet :
– le porte-monnaie électronique Klebox : c'est une réserve d'argent virtuelle pour régler de petites sommes. Par exemple, pour acheter *Le Monde* en ligne (*www.lemonde.fr*). Cette réserve est rechargeable à volonté moyennant paiement auprès de la société Kleline (*www.kleline.fr*) ;
– un lecteur de cartes à puce branché sur votre ordinateur (photo *ci-dessous*) : introduisez votre carte bancaire et composez votre code secret pour payer en toute sécurité sur le Web, exactement comme dans un magasin réel. Un système développé notamment par la société française Gemplus (*www.gemplus.fr*).

Courses en ligne

Une grosse fatigue et pas envie d'aller faire les courses au supermarché ? Qu'à cela ne tienne : branchez-vous sur Télémarket (*www.telemarket.fr*) et faites-vous livrer à domicile. Certes, vous paierez la demi-livre de beurre un peu plus cher qu'à la crémerie du coin mais au moins vous serez dispensé de bousculade dans les rayons. Quel confort ! Vous pouvez aussi vous faire servir un repas à domicile ou au bureau par *Eat On Line* (*www.eatonline.fr*) ou encore commander des produits fins sur France Gourmet (*www.gourmet-tradition.com*).

Caddy virtuel

Voici quelques cybermagasins :
– Fnac (*www.fnac.fr*) : disques, cédéroms, hi-fi, vidéo, etc. Et des guides d'achat (« dossiers Fnac ») à télécharger*.
– La Redoute (*www.redoute.fr*), Les 3 Suisses (*www.3suisses.fr*) : l'intégralité des catalogues sont disponibles en ligne*.
– Marcopoly (*www.marcopoly.fr*) : électroménager, hi-fi, TV, etc. *a priori* moins chers que dans les magasins réels.
– Hifissimo (*www.hifissimo.com*) : pour acheter une chaîne hi-fi.
– Bol (*www.bol.fr*) : librairie virtuelle. On peut commander des livres en ligne.
– Zéro Heure (*www.00h00.com*) : pour télécharger des ouvrages en version numérique* à moitié prix !
– Matelsom (*www.matelsom.com*) : pour commander votre lit 40 % moins cher.

– Valmary (*www.valmary.com*) : votre chemise sur mesure. Le luxe !
– Achat Net Auto (*www.achatnetauto.com*) : choisissez votre voiture sur le Web*.
– Web Marchand (*www.webmarchand.com*) : moteur de recherche* spécialisé pour trouver tous les sites* commerciaux.
– Acheter moins cher (*www.acheter-moins-cher.com*) : pour comparer les prix sur Internet et dénicher la meilleure affaire.

Cuisiner sur le Web
Des recettes de cuisine gratuites sur le Web : *www.1001recettes.com.*

Acheter moins cher à l'étranger

Certains produits sont meilleur marché à l'étranger. Grâce au Web, vous pouvez les acheter à distance. Par exemple, vous pouvez commander des disques à bas prix aux États-Unis sur CD Now (*www.cdnow.com*), l'un des plus grands disquaires virtuels. Vous pouvez aussi choisir votre ordinateur chez Dell (*www.dell.com*) ou Gateway (*www.gateway.com*) et vous le faire livrer à la maison. Mais avant de commander tous ces produits, vérifiez que les frais de port ne couvrent pas la différence de prix !

Comment payer ?

Pour payer sur Internet, on vous demandera, la plupart du temps, votre numéro de carte bancaire (ne communiquez en aucun cas votre code secret !). La sécurité des paiements en ligne s'est améliorée ces dernières années grâce au cryptage*. Toutefois, il faut prendre quelques précautions : assurez-vous que le site propose bien un système sécurisé permettant de transmettre sans état d'âme votre numéro de carte. Si vous effectuez régulièrement des achats sur le Web, vérifiez vos relevés de compte bancaire pour contrôler que les sommes débitées correspondent bien à vos transactions. Sachez que vous pouvez contester auprès de votre banque tout débit imputé sans votre consentement. Enfin, évitez de commander une voiture soi-disant à moitié prix sur un serveur inconnu aux îles Galapagos car, là, vous risqueriez tout simplement de vous faire escroquer.

On peut tout acheter aujourd'hui dans les cybermagasins du Web. Il suffit de remplir son « caddy virtuel » et d'expédier sa commande par mél*.

Trouver un toit, un emploi...

Décrocher un travail ou un appartement grâce au Net ? C'est possible. Des milliers de petites annonces et de services spécialisés vous attendent dans la plus grande agence du monde !

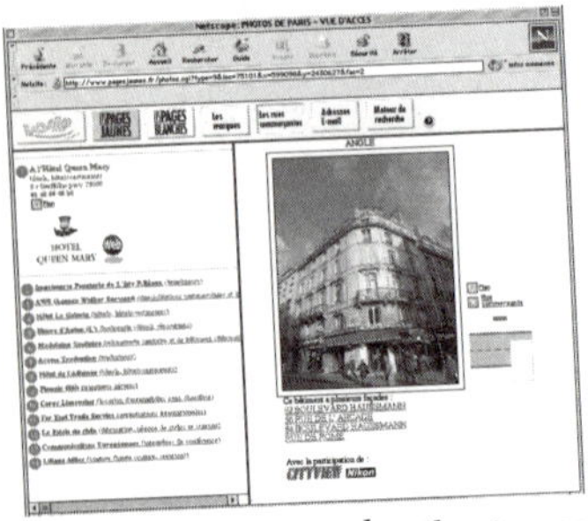

Voir avant de louer
Pour voir la façade d'un logement à Paris, avant de le visiter, cliquez sur l'annuaire de Voilà (*www.voila.fr/Annuaires*), rubrique « *Rues commerçantes* ». Vous trouverez 350 000 photos des rues de la capitale !

Petites annonces
Des petites annonces pour vendre ou acheter tout et n'importe quoi sur quatre sites : *www.petites-annonces.fr*, *www.bonjour.fr*, *www.minitelorama.com*, *www.ocasou.com/pa*.

Se loger grâce à Internet

Vous cherchez la maison de vos rêves ? Pas la peine d'examiner des dizaines d'annonces en vrac dans les journaux. Sur le Web*, tapotez vos critères de sélection. Et l'ordinateur vous renverra immédiatement les annonces qui correspondent à votre recherche. Voici quelques sites : Fédération nationale des agents immobiliers (*www.fnaim.fr*), De particulier à particulier (*www.pap.fr*), Se loger (*www.seloger.com*), etc. Vous trouverez aussi des conseils pour acheter (*anil.org*), des offres de financement (*www.ucb.fr*), des devis pour déménager (*www.transeco.com*), des logements pour étudiants (*www.adele.org*), des propositions pour échanger votre maison avec des étrangers (*www.webhomeexchange.com*), etc. Bref, le foncier fonce dans le virtuel ! Seul désagrément : l'immobilier sur le Net est encore mal structuré, et il faut consulter de nombreux sites* différents avant de trouver son bonheur.

Trouver du travail

Vous cherchez un emploi ? Vous voulez savoir si telle ou telle entreprise recrute ? Là encore, le Web peut vous aider. Aujourd'hui, des milliers d'annonces sont disponibles en ligne* (*www.anpe.fr*, *www.apec.asso.fr*, *www.adecco.fr*, *www.cadresonline.com*, etc.). Vous pouvez aussi déposer votre CV multimédia* sur un serveur spécialisé (*www.careermosaic.tm.fr*, *www.emailjob.com*).

Des chasseurs de têtes recrutent directement sur Internet, et certaines sociétés proposent même de remplir des candidatures en ligne. Pour trouver tous les sites d'annonces d'emploi sur le Web, tapez simplement « *emploi* » sur Yahoo! (*www.yahoo.fr*) ou Nomade (*www.nomade.fr*), par exemple. Vous pouvez aussi consulter les forums de discussion* (*voir* pp. 46-47).

Pour les seniors
Senior Planet (*www.senior-planet.com*) : un site spécial pour les plus de 50 ans, qui propose par exemple un annuaire des associations, des idées de balades, des conseils juridiques, etc.

Bourse en ligne

Internet peut rendre bien d'autres services encore comme vous aider à gérer vos finances. Vous faites déjà vos comptes sur ordinateur à l'aide d'un logiciel* spécialisé ? Très bien. Savez-vous que vous pouvez aussi consulter votre compte sur le Web (à condition que votre banque le permette). Si, en plus, l'envie de jouer à la Bourse vous démange, branchez-vous sur les cours en direct (*www.bourse-de-paris.fr*, *www.cotations.com*, *www.boursier.com*). Vous pourrez même passer vos ordres directement en ligne (*www.absysteme.com*, *www.directfinance.com*). Pour obtenir des informations financières, consultez la presse spécialisée (*www.latribune.fr*, *www.lesechos.fr*).

Web pratique
Un site bourré de conseils sur la vie quotidienne : France Pratique (*www.pratique.fr*).

Avocats en ligne

Besoin d'un conseil juridique ?

– Cyberavocat (*www.cyber-avocat.com*) : des informations sur vos droits et la possibilité de poser des questions par mél*.

– Ordre des avocats (*www.paris.barreau.fr*) : le site officiel du barreau de Paris.

– Notaires de France (*www.notaires.fr*) : le site des notaires.

– Légifrance (*www.legifrance.gouv.fr*) : tous les textes de loi officiels.

– Journal officiel (*www.journal-officiel.gouv.fr*) : le site du JO.

– Protécréa (*www.protecrea.org*) : permet d'enregistrer en ligne n'importe quelle œuvre intellectuelle – une chanson ou un slogan publicitaire – pour la protéger juridiquement et éviter ainsi les contrefaçons.

On trouve toutes sortes d'annonces et d'informations pratiques sur Internet. Une multitude de services sont accessibles à distance sans sortir de chez soi.

Sortir sur Internet

Cinéma, théâtre, expos, etc. Demandez le programme ! Tout est sur le Web*. Et pourquoi ne pas réserver vos billets en ligne ?

Annuaire
Pour trouver un numéro de téléphone, plus besoin de Minitel car tout l'annuaire de France Télécom est sur Internet (*www.pagesjaunes.fr*). Avec en plus, les adresses mél*, les adresses Web et le plan des rues.

Que faire ce soir ?

Envie d'une « toile » ou d'un bon resto ? Branchez-vous sur Internet ! Ce réseau est, certes, mondial mais il peut aussi vous aider à savoir ce qui se passe en bas de chez vous. À condition de cliquer sur le bon site*, vous trouverez les programmes de cinéma, des spectacles, des restaurants, etc. Comme jadis le Minitel, le Net est un formidable outil pratique pour préparer une sortie. En plus, ça coûte moins cher. Alors, bonne soirée !

Un agenda en ligne

Voici quelques sites pour choisir un spectacle, une exposition, un film…

– Allociné (*www.allocine.fr*) : tous les programmes de cinéma.

– Tout en ville (*www.toutenville.com*) : pour savoir ce qui se passe dans les grandes villes de France (Paris, Bordeaux, Marseille…). Informations pratiques, événementielles, etc. Il existe un site par ville, passez par cette adresse pour accéder à celui qui vous intéresse.

– Télérama (*www.telerama.fr*) : propose les programmes de télévision, bien sûr, mais pas seulement. On y trouve également les cinés, les expos, les théâtres… En indiquant à l'avance ce que l'on aime, on peut même être averti automatiquement par mél* d'une manifestation à venir.

– Pariscope (*www.pariscope.fr*) : pour tout savoir sur ce qui bouge à Paris.

– Sayhoo (*www.sayhoo.com*) : pour les noctambules, l'agenda de la nuit en France.

– Culture Kiosque (*www.culture-kiosque.com*) : le magazine de l'actualité culturelle européenne. On y parle art, techno, cuisine... Avec un agenda des manifestations.
Pour savoir quoi faire ce soir, consultez aussi les sites de cinéma (*voir* pp. 28-29), des musées (*voir* pp. 22-23) et les portails* (*voir* pp. 12-13).

Cyberdocteurs
Consulter un médecin sur Internet ? C'est possible, mais attention cette pseudo-cybermédecine ne saurait en aucun cas remplacer une visite chez un vrai praticien !
– Cyberdocs (*www.cyberdocs.com*) : site américain proposant des consultations en ligne (payantes) !
– Santé Web (*www.santeweb.com*) : site français gratuit d'information médicale.
– Psycho Net (*www.psycho-net.com*) : site français traitant de problèmes psychologiques (payant).
– Galaxie (*medecine.galaxie.fr*) : un annuaire en ligne pour trouver n'importe quel site médical sur Internet.

Se distraire autrement

Voici encore quelques bonnes adresses Web* pour se distraire :
– Allô K7 (*www.allok7.com*) : location et livraison de cassettes vidéo à domicile.
– Gazette de l'hôtel Drouot (*www.gazette-drouot.com*) : participer à une vente aux enchères ? Voilà le site de la célèbre salle des ventes parisienne.
– Antiquaires (*www.antiques.tm.fr*) : le Web des antiquaires de France.
– Nautilia (*www.nautilia.com*) : l'univers de la mer et des bateaux.
– Le Club des poètes (www.franceweb.fr/poesie) : pour écouter ou dire soi-même des poèmes.
– Astérial (*asterial.fr.msn.com*) : astrologie, thèmes en ligne*.

Mariage
Un site pour préparer votre mariage (*www.le-mariage.com*) ! Vous y trouverez des adresses utiles, des conseils de décoration, des idées de faire-part, etc.

En voiture !

Avant de prendre le volant, préparez votre itinéraire et consultez l'état des routes :
– ITi (*www.iti.fr*) : pour repérer un itinéraire et connaître les distances, le prix des péages, etc. Calcul automatique et personnalisé de votre trajet.
– Sytadin (*www.sytadin.tm.fr*) : pour savoir en temps réel s'il y a des bouchons à Paris.
– Guide Michelin (*www.michelin-travel.com*) : itinéraires en France avec coordonnées des hôtels, restaurants, campings (service payant).
– Météo France (*www.meteo.fr*) : toutes les prévisions.

On trouve sur Internet tous les agendas des manifestations et des services pratiques pour la vie quotidienne.

La cyberadministration

Quoi de plus énervant que d'attendre des heures à un guichet pour un simple formulaire ? Heureusement, grâce à Internet, vous pouvez réaliser aujourd'hui certaines démarches à distance.

Carte grise
En Isère, premier département français à offrir ce service, il est possible de commander sa carte grise par Internet (*www.isere.pref.gouv.fr*).

Guichet virtuel

De plus en plus d'administrations françaises sont disponibles sur le Net : mairies, préfectures, ministères, conseils généraux et régionaux, académies, etc. Toutes n'ont pas encore ouvert des guichets virtuels mais certaines permettent d'effectuer des démarches tranquillement chez soi, sans perdre du temps dans une salle d'attente avec un bête ticket à la main… On appelle cela la « dématérialisation » des procédures administratives. En plus, ces cyberadministrations sont ouvertes jour et nuit, en semaine comme le week-end.

Impôts électroniques

Depuis peu, il est possible de remplir sa déclaration d'impôts sur le Web*. On ne guette plus le maudit formulaire dans la boîte aux lettres, il suffit de le télécharger*. Pour cela, connectez-vous au site du ministère des Finances (*www.finances.gouv.fr*). L'avantage, c'est que l'on ne se perd plus dans le fouillis des brochures explicatives car l'aide nécessaire est disponible à l'écran. Le programme calcule immédiatement le montant à payer. Vive le progrès ! Malgré tout, la loi oblige encore à imprimer cette déclaration électronique et à l'envoyer par la poste. Vous pouvez également payer vos impôts sur Internet par carte bancaire (*voir* pp. 36-37).

La Poste sur le Web
La Poste est aussi sur Internet (*www.laposte.fr*). Mais elle propose encore peu de réels services en ligne*.

Des progrès restent à faire

Malheureusement, on ne peut pas encore accomplir à distance toutes les formalités administratives. Pour l'instant, seuls certains formulaires – surtout ceux destinés aux entreprises – sont téléchargeables. En fait, le déploiement de ces cyberguichets dépend du dynamisme de chaque mairie et de chaque préfecture.

Démocratie en ligne

Dans certaines villes, par exemple à Issy-les-Moulineaux (*www.issy.com*), on peut suivre le conseil municipal en direct, en vidéo, sur Internet. On peut poser des questions aux élus par courrier électronique (mél*). Il est également possible de retrouver les délibérations sur le Web, une fois le conseil terminé, pour se tenir au courant de la vie de la cité.

Cybergouvernement

Internet permet de visiter virtuellement les grandes institutions françaises.

– Présidence de la République (*www.elysee.fr*) : un petit tour chez le président ? Vous y découvrirez son agenda, le programme des voyages officiels et ses discours.

Vous pourrez même – pourquoi pas ? – lui envoyer un petit mél.

– Premier ministre (*www.premier-ministre.gouv.fr*) : pour tout savoir sur le métier de chef du gouvernement…

Consultez aussi :

– Le Sénat (*www.senat.fr*) et l'Assemblée nationale (*www.assemblee-nationale.fr*).

– Les ministères de l'Éducation nationale (*www.education.gouv.fr*), de la Justice (*www.justice.gouv.fr*), des Télécommunications (*www.telecom.gouv.fr*), de la Culture (*www.culture.fr*), de l'Environnement (*www.environnement.gouv.fr*), etc.

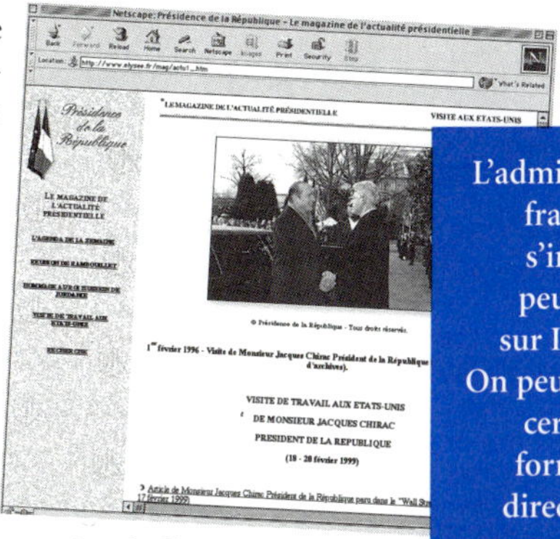

Admifrance
Pour trouver n'importe quel site administratif français, consultez le portail* Admifrance (*www.admifrance.gouv.fr*).

Gouv.fr
Les adresses des sites gouvernementaux français sont reconnaissables à leurs adresses Web* qui se terminent en général par « gouv.fr ».

L'administration française s'installe peu à peu sur Internet. On peut effectuer certaines formalités directement en ligne sans se déplacer. Un grand pas vers la « démocratie électronique » !

Le mél : la poste sans papier

Le courrier électronique, ou mél (en anglais : *e-mail*), est l'un des services les plus utiles d'Internet. Il permet d'envoyer des messages dans le monde entier. Sans payer les timbres !

Annuaire de méls
Pour trouver l'adresse mél d'un abonné, consultez les Pages Jaunes (*www.pagesjaunes.fr*), rubrique « adresse mél ».

Mél gratuit
Vous pouvez ouvrir une boîte aux lettres électronique personnelle même sans abonnement Internet. Par exemple, sur les sites Web* : Le Mel (*www.lemel.fr*), Hotmail (*www.hotmail.com*)... Pour relever vos messages, branchez-vous alors chez un ami ou dans un cybercafé.

Adresse mél

Si vous êtes abonné à Internet (*voir* pp. 6-7), votre fournisseur d'accès* vous a certainement communiqué votre adresse mél* personnelle qui doit ressembler à ceci : *nom@fournisseur.pays* (par exemple : *bob@wanadoo.fr*). Muni de ce sésame, vous pouvez envoyer des messages à n'importe quel abonné sur Internet et en recevoir vous-même. Le mél est très bon marché. Chaque fois que vous vous connectez pour envoyer ou recevoir du courrier, cela vous coûte à peine le prix d'une communication téléphonique locale au prorata de votre temps de connexion. Même si vous expédiez un mél à l'autre bout de la terre !

Envoyer un message

Il existe plusieurs logiciels* de messagerie : *Eudora*, *Netscape Messenger* ou *Microsoft Outlook Express*. L'un d'entre eux vous a été remis avec votre kit de connexion (*voir* pp. 6-7). Pour envoyer un mél, rien de plus simple. Lancez ce logiciel, cliquez sur le bouton « *composez un message* » ou « *nouveau message* ». Puis tapez l'adresse de votre correspondant et rédigez le message proprement dit. Pour l'expédier, cliquez simplement sur « *envoyer* » (ou « *send* »). C'est parti ! En quelques secondes, votre mél va traverser la planète s'il le faut pour atteindre son destinataire.

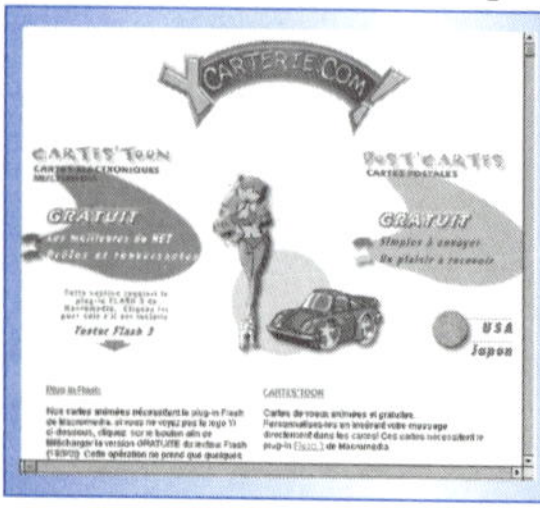

Cartes postales virtuelles
Vous pouvez envoyer des cartes postales virtuelles *via* Internet (*www.carterie.com*) !

Documents attachés

On peut expédier par mél toutes sortes de documents informatiques : des programmes, mais aussi des photographies, des sons et même des images vidéo numérisés* ! Par exemple, un cliché de votre nouvelle maison ou du petit qui vient de naître… Pour ce faire, cliquez simplement sur le bouton « *joindre* » ou « *attachment* » de votre logiciel de mél et sélectionnez le fichier que vous voulez envoyer. On appelle cela un fichier attaché.

Ne pas oublier

– Le *spamming* est l'ennemi du mél : c'est le fait d'envoyer (ou de recevoir, si l'on en est victime) un grand nombre de messages électroniques, par exemple un publipostage (ou *mailing*). Le *spamming* est proscrit par la Netiquette* (*voir* pp. 46-47) ! Pour l'anecdote, le mot « *spam* » provient du nom d'un jambon en boîte américain particulièrement indigeste…

– Il paraît que l'on peut attraper un virus* sur Internet, est-ce vrai ? Oui. Mais, pas de panique, seuls les fichiers attachés peuvent en contenir. Il ne peut pas y avoir de virus dans le corps même d'un courrier électronique. Par sécurité, n'ouvrez pas un fichier attaché si vous n'êtes pas sûr de sa provenance.

Quelques trucs

– L'usage veut que l'on indique toujours l'objet d'un message. Mentionnez par exemple : « *demande de rendez-vous* » ou « *photos de vacances* », etc.

– Attention, si vous utilisez des caractères accentués, ceux-ci peuvent être mal interprétés par l'ordinateur de votre correspondant et apparaître sous forme de signes cabalistiques étranges.

– Vous pouvez ajouter une signature personnelle automatique à chacun de vos messages (consultez l'aide de votre logiciel).

– N'oubliez pas d'enregistrer les adresses mél de vos correspondants réguliers dans le « *carnet d'adresses* ».

– Pour économiser du temps de communication, composez vos messages hors connexion (lancez seulement le logiciel de messagerie) puis connectez-vous juste au moment de les envoyer.

Le mél fait concurrence à la bonne vieille poste et même au fax. Pour les entreprises comme pour les particuliers, c'est un fantastique moyen de communication planétaire !

Recevoir des messages

Le principe de fonctionnement du mél est le suivant : les messages arrivent sur l'ordinateur de votre fournisseur d'accès où ils sont stockés jusqu'à ce que vous les récupériez. Pour relever vos messages, cliquez sur le bouton « *envoyer et recevoir* » ou « *récupérer messages* ». Si vous n'êtes pas relié à Internet à cet instant, le logiciel de messagerie lancera automatiquement la connexion. Le mél, c'est très simple !

Un forum mondial

Internet est une gigantesque cour de récréation où chacun peut prendre la parole. Branchez-vous sur les forums de discussion et sur les listes de diffusion !

Quelques forums
– *comp.network.internet* : forum consacré à l'informatique et, plus spécifiquement, aux réseaux et à Internet.
– *rec.music.beatles* : forum de loisir, consacré à la musique des Beatles.
– *alt.sport.football* : forum alternatif, sportif, dédié au football.
– *fr.emplois.demandes* : forum français, réservé aux demandes d'emploi.

Des forums où l'on discute de tout

Où parle-t-on d'informatique, de littérature, de philatélie, de musique, de cinéma, de gastronomie, de peinture, d'amour, de sexe, d'écologie, de politique, de philosophie et de bien d'autres choses encore ? Sur Internet bien sûr ! Et plus précisément dans les forums de discussion* (en anglais : *newsgroups*). Ce sont des lieux d'échanges où chacun peut s'exprimer librement par mél*. On envoie des « contributions » qui s'affichent dans une liste où chacun peut alors les consulter, y répondre, etc. Pour vous y connecter, utilisez simplement votre navigateur* (*voir* pp. 6-7) ou votre logiciel* de mél (commande : « *forums* » ou « *news* »). Dans un premier temps, contentez-vous de lire les messages. Puis, jetez-vous à l'eau, postez votre premier courrier !

Système hiérarchique

Les internautes* organisent les forums par thèmes, en groupes et en sous-groupes. Voici le premier niveau hiérarchique :
– *comp* (computers = discussions liées à l'informatique) ;
– *biz* (bizness = discussions professionnelles sur le commerce) ;
– *sci* (discussions à caractère scientifique) ;
– *rec* (recreation = sujets récréatifs) ;
– *soc* (ici, on aborde tous les sujets culturels et de société) ;
– *news* (le premier réseau de *newsgroups* sur Internet, baptisé aussi Usenet) ;
– *alt* (alternatif = tous les sujets qui ne trouvent pas de place ailleurs) ;
– *fr* (groupes où l'on parle exclusivement en français).

Archives
Pour retrouver d'anciens messages publiés dans les forums de discussion, consultez le site américain *DejaNews* (*www.dejanews.com*).

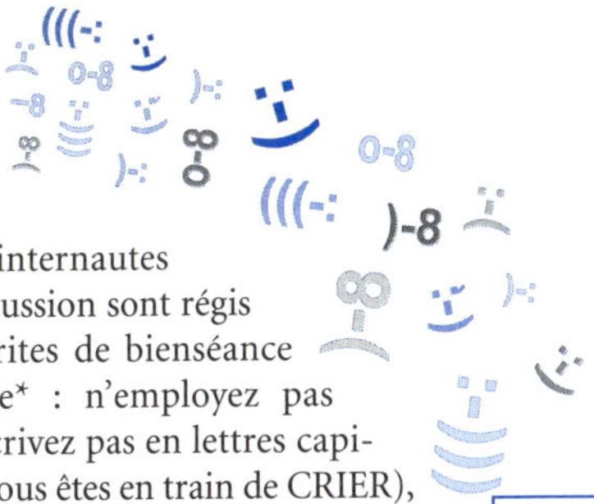

Netiquette

Les rapports entre les internautes dans les forums de discussion sont régis par des règles non écrites de bienséance appelées la Netiquette* : n'employez pas de mots injurieux, n'écrivez pas en lettres capitales (cela signifie que vous êtes en train de CRIER), ne vous trompez pas de forum lorsque vous intervenez (ne postez pas la recette du pot-au-feu dans un groupe de généalogie…), etc. Car, sinon, vous risqueriez une *flame* (prononcer « flaïme »), c'est-à-dire de vous faire descendre en flammes par les autres participants qui vous bombarderont alors de messages d'indignation.
Vous retrouverez tous ces conseils dans les FAQ (*Frequently Asked Questions*), les « questions les plus fréquemment posées », que l'on peut consulter sur chaque forum. Vous verrez aussi que les messages sont souvent rédigés en style télégraphique sans grand respect des règles orthographiques…
Enfin, certains forums sont modérés, c'est-à-dire filtrés par un animateur, mais la plupart ne le sont pas, et les participants font la police eux-mêmes. Attention ! Ils ne sont pas tendres…

Smileys
Pour exprimer des nuances dans une discussion, utilisez les *smileys* : ce sont quelques caractères typographiques qui prennent tout leur sens lorsqu'on les regarde en penchant la tête vers la gauche.
Exemples :
:-) humour
:-(mauvaise humeur
;-) clin d'œil
:-o étonnement.

Listes de diffusion

Un service un peu différent est également proposé sur Internet : les listes de diffusion (en anglais : *mailing lists*). Il s'agit de systèmes gratuits d'information par mél. Il suffit de s'inscrire pour recevoir régulièrement dans sa boîte aux lettres électronique des bulletins consacrés à un thème en particulier. On trouve à peu près tous les sujets : de la culture des haricots à la mécanique quantique en passant par la pêche à la ligne… Ces listes sont généralement tenues par des bénévoles passionnés. On peut s'abonner et se désabonner à volonté. Vous trouverez toutes les listes de diffusion sur le site *Francolistes* (*www.cru.fr/listes*).

Les forums de discussion et les listes de diffusion sont des services gratuits de dialogue sur Internet par messages écrits. Tous les sujets ou presque sont abordés.

Les messageries en direct

Vous rêvez d'une double vie ? Connectez-vous à une messagerie en direct sur Internet. Vous y rencontrerez des gens du bout du monde, ou du coin de la rue, pour discuter de tout et de rien.

La magie du direct

Vous avez aimé dialoguer avec des internautes* du monde entier dans les forums de discussion* (*voir* pp. 46-47) ? Alors, vous allez adorer les messageries en direct ! En langage cyber*, on appelle ça l'*Internet Relay Chat* (IRC*) ou simplement *chat** (rien à voir avec l'animal qui miaule... En anglais, *chat* – prononcer « tchate » – signifie « bavardage »). C'est un service qui permet, comme les messageries Minitel, de dialoguer en direct par clavier interposé. On tape une phrase au clavier, et hop ! elle est immédiatement visible par tous les autres internautes connectés. Pour éviter la cacophonie, les discussions ont lieu dans des canaux (*channels*). L'IRC est très populaire, surtout chez les jeunes.

Des contacts fascinants

Grâce à l'IRC, vous aurez par exemple ce genre de conversation passionnante :

– Un inconnu du bout du monde : *hi !* (hello, prononcer : « aïe »)

– Vous : *hi...*

– L'inconnu du bout du monde : *where r u ?* (*where are you* : où es-tu ?)

– Vous : *France* (ou bien ailleurs...)

– L'inconnu du bout du monde : *m or f ?* (*male or female* = garçon ou fille ?)

– Etc.

Il est fascinant d'échanger ainsi des propos « d'une telle importance » avec des gens que l'on ne rencontrera sans doute jamais...

Abréviations
Quelques abréviations du langage IRC :
u : *you* = vous, toi
r : *are* = êtes (où êtes-vous ? se dit : *w r u* ?)
irl : *in the real life* = dans la vie réelle.

La troisième dimension

Toujours pour s'amuser, il existe des IRC en « trois dimensions » : les participants apparaissent dans un décor imagé, un peu comme dans une bande dessinée, sous forme de petits personnages appelés « avatars ». Chacun peut choisir son propre avatar. Lorsque l'on parle, les phrases apparaissent dans des bulles. Cela donne des scènes assez insolites : par exemple, Brad Pitt discutant avec un cochon dans un pub irlandais... Essayez l'un des plus célèbres serveurs d'IRC en 3D : *The Palace* (*www.thepalace.com*). Gratuit bien entendu.

Où ?
Voici quelques bonnes adresses de *chat* :
www.voila.fr/Chat, www.fr.maxichat.com, www.club-internet.fr, www.icq.com.
La plupart des canaux IRC sont accessibles directement sur le Web à l'aide de votre navigateur* (*voir* pp. 6-7).

L'image en plus

Ces dialogues en direct peuvent s'agrémenter, en plus, de l'image ! Vous pouvez brancher sur votre ordinateur une petite caméra vidéo qui vous permettra d'être vu par vos interlocuteurs. On appelle ça le « *CU See Me* » (*see you see me* = je te vois tu me vois). Il suffit de télécharger* gratuitement sur Internet le logiciel* *Netmeeting* de Microsoft (*www.microsoft.com*) ou *Netscape Conference* (*www.netscape.com*), si vous ne l'avez pas déjà reçu avec votre kit de connexion (*voir* pp. 6-7). À défaut de caméra vidéo, vous pouvez au moins parler à vos interlocuteurs à l'aide d'un micro et des haut-parleurs de votre ordinateur multimédia*. Ce type de service se rapproche de la téléphonie sur Internet (*voir* pp. 50-51).

Les messageries en direct permettent de dialoguer sans se connaître pour parler de tout même si... l'on n'a rien à dire. Une véritable tour de Babel électronique.

Café du Commerce

Sur ces messageries en direct, comme dans les forums de discussion (*voir* pp. 46-47), on trouve le meilleur et le pire. Toutes les conversations ne sont pas dignes d'un cours de Sorbonne. Pour dire vrai, elles ont même souvent un petit air de café du Commerce où l'on commente l'actualité avec plus d'outrance que de clairvoyance. Beaucoup d'accros du clavier n'ont malheureusement dans la vie que cette occupation. À vous d'en faire l'utilisation – ludique ou professionnelle – que vous souhaitez...

Téléphoner sur Internet

Appeler son cousin en Australie pour le prix d'une communication locale, c'est possible grâce à Internet ! Une véritable révolution dans les télécommunications.

Cybertéléphone

Qui aurait pu penser, il y a encore quelques années, que votre ordinateur ferait un jour concurrence à votre téléphone ? C'est pourtant une réalité : aujourd'hui, vous pouvez réaliser des économies de 60 à 80 % en téléphonant par Internet plutôt que par les réseaux traditionnels ! Si vous avez de la famille ou des amis à l'étranger avec lesquels vous aimez dialoguer régulièrement, vous serez séduit par le cybertéléphone.

Tout d'abord, assurez-vous que votre ordinateur est suffisamment musclé pour faire de la téléphonie : un PC* Pentium ou un Macintosh* PowerPC ou iMac avec au moins 16 mégaoctets* de mémoire centrale. Il faut aussi un bon modem* de 28 800 ou 33 600 bps* ainsi qu'un microphone et des haut-parleurs. Et il vous faut, bien sûr, un abonnement Internet (*voir* pp. 6-7).

Un programme pour téléphoner

Avant de passer votre premier cyber-coup de fil, vous devez installer* sur votre ordinateur un logiciel* spécial de téléphonie. Vous en téléchargerez* facilement sur Internet, les plus connus étant *Internet Phone* (*www.vocaltec.com*) et *Net2phone* (*www.net2phone.com*). Attention, ces programmes sont payants. Ensuite, vous devez acheter (toujours sur le Web*) des minutes de communications auprès d'un prestataire tiers. Ces diverses opérations sont un peu compliquées, d'autant que toutes les instructions sont en anglais, mais elles valent la peine de se donner un peu de mal...

De la friture sur la ligne !

Tout est en place et bien configuré ? Alors, vous pouvez passer votre premier appel sur Internet. Un clavier apparaît sur l'écran : composez simplement le numéro de téléphone de votre correspondant et dites... : « *Allô ?* » Attention, la téléphonie Internet laisse encore un peu à désirer. La qualité audio n'est pas très bonne. En effet, contrairement au téléphone normal, les performances dépendent de l'encombrement global du réseau Internet. Le matin, par exemple, la ligne est meilleure que le soir car il y a moins de monde connecté. Souvent aussi, il faut parler chacun à son tour. De plus, il y a parfois de l'écho, etc. Mais malgré ces inconvénients, cela reste intéressant.

Ce que vous payez : la communication locale vers votre fournisseur d'accès* comme d'habitude + des minutes achetées auprès du prestataire tiers.

Pour des distances lointaines et normalement très chères, pas de doute, vous serez largement gagnant !

Aplio : le téléphone Internet sans PC

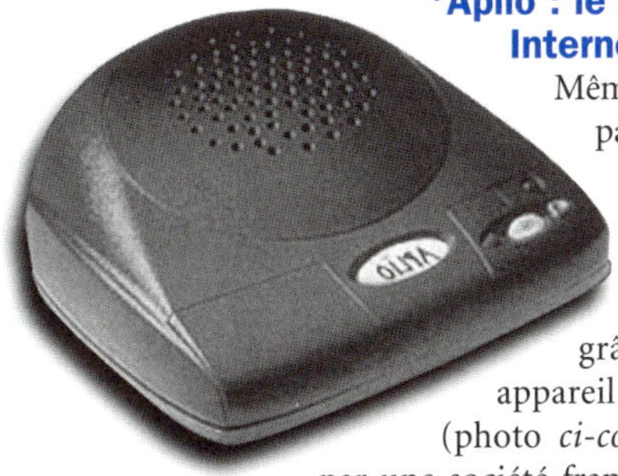

Même si vous n'avez pas d'ordinateur, vous pouvez téléphoner à bon marché par Internet grâce à un petit appareil baptisé Aplio (photo *ci-contre*). Inventé par une société franco-américaine, l'Aplio se branche simplement sur votre ligne téléphonique et permet d'appeler n'importe quel autre possesseur d'Aplio dans le monde pour le prix dérisoire d'une communication téléphonique locale ! À noter, toutefois : il faut un abonnement Internet. L'Aplio est vendu dans les magasins spécialisés et sur Internet (*www.aplio.com*).

Internet permet de téléphoner à très bas prix dans le monde entier.
À l'avenir, les communications vocales passeront de plus en plus par le réseau informatique mondial au format TCP/IP*.

Créer son site Web

Maintenant que vous surfez sur Internet, vous avez peut-être envie de publier vous-même vos propres pages Web*. Au fond, ce n'est pas très difficile. Voici quelques conseils.

Trucs et astuces
Vous trouverez de nombreux conseils pour créer vos pages Web sur UNGI, « Un nouveau guide Internet » (*www.ungi.com*).

Concevez votre site

Monter un site Web*, c'est un peu comme éditer un journal : il faut d'abord écrire les articles puis les publier. Pour cela, procurez-vous un « éditeur HTML* » (par exemple *Front Page Express* de Microsoft fourni avec le navigateur* *Internet Explorer* ou *Netscape Composer* fourni avec *Communicator*). C'est une sorte de traitement de texte qui vous permettra de composer vos propres pages : créer des titres, rédiger des paragraphes, insérer des images, des sons, des liens hypertextes*, etc. Le tout au format HTML, le langage du Web. Allez-y, lancez-vous dans la réalisation de votre page personnelle* (*homepage**). Mais qu'allez-vous exposer à la face du monde ? Votre nom, votre portrait, la liste de vos passe-temps favoris, vos photographies, vos peintures... ? N'hésitez pas, tout est permis sur le Web (hormis les contenus choquants, racistes, etc.) !

Un travail d'artiste

Pour réaliser de belles pages Web*, commencez par vous inspirer des autres sites que vous visitez sur Internet. Voyez comment sont disposés les titres, les liens hypertextes, les images, etc. Lorsque vous serez devenu un vrai pro, vous pourrez ajouter des illustrations en GIF* animé, des *applets* Java* et des composants *Shockwave**. Pour savoir si votre publication a du succès, vous pourrez installer un compteur qui enregistrera le nombre de connexions (en anglais, *hits*). Un conseil : ne placez pas trop de photos en grand format car cela ralentit l'affichage d'un site.

Publiez votre site

Une fois que vous avez composé votre site localement, sur votre ordinateur, il faut maintenant le publier sur le *World Wide Web** afin qu'il soit visible par les internautes* du monde entier. Pour cela, vous devez le faire « héberger* » sur un ordinateur connecté en permanence à Internet. La plupart des fournisseurs d'accès* offrent à leurs abonnés la possibilité d'héberger au moins 10 mégaoctets* de données personnelles. Vous pourrez expédier vos fichiers par FTP*. Renseignez-vous auprès de votre prestataire qui vous indiquera la procédure à suivre. Ça y est, vous voilà devenu un vrai *webmaster** !

Choisissez votre nom de domaine

Si votre site personnel est hébergé chez un fournisseur d'accès, l'adresse (URL*) ressemble à quelque chose comme ça : *www.fournisseur.fr/perso/~moi*. Ce n'est pas très pratique, surtout s'il s'agit d'un site professionnel et que vous souhaitez imprimer cette adresse sur des cartes de visite. Sans doute préféreriez-vous avoir une adresse « propre » comme, par exemple, *www.maison-du-cassoulet.com*. On appelle cela un « nom de domaine ». Sachez qu'une telle adresse se loue (200 à 1 200 F par an environ) auprès des organismes Nic (*www.internic.net.*) et Nic France (*www.nic.fr*). Mais d'abord, vous devez vous assurer qu'elle n'est pas déjà prise !

Un peu de pub

Une fois que votre site sera créé à votre goût, il restera à le faire connaître afin que les internautes viennent (par centaines !) vous rendre visite. Pour cela, vous pourrez le référencer sur les grands annuaires (*voir* pp. 14-15) tels que Yahoo! (*www.yahoo.fr*), Voilà (*www.voila.fr*), Nomade (*www.nomade.fr*), etc. Vous pourrez aussi envoyer des méls* à des journalistes spécialisés pour les en informer. Et surtout, parlez-en autour de vous !

Hébergement gratuit
Il existe des services d'hébergement gratuits où vous pouvez publier votre site personnel sans débourser un centime : *www.multimania.com*, *www.chez.com*, *www.geocities.com*.

Combien ça coûte ?

Internet, en soi, ne coûte pas très cher. Mais l'équipement et les diverses prestations ont bel et bien un prix. Alors, voici quelques idées sur ce que vous devrez payer pour surfer sur le Web (prix approximatifs au 1er janvier 1999). Optez pour la solution la plus appropriée à vos besoins et à vos moyens.

Pour les débutants : le téléphone

La manière la plus classique d'accéder à Internet, c'est le téléphone. Le bon vieux RTC* n'offre pas le meilleur confort mais il a le mérite de la simplicité et de l'économie. Voici une estimation de ce que vous coûtera une connexion à Internet par téléphone :
– achat modem* : 800 F environ (une seule fois) ;
– abonnement téléphonique (France Télécom) normal : 78 F/mois ;
– abonnement fournisseur d'accès* : 100 F/mois (approximativement) ;
– communications téléphoniques France Télécom : 16,80 F/heure (en heures pleines) ;
– total pour une consommation de 5 heures par mois : 262 F/mois.
À noter que le prix des communications téléphoniques locales baisse à partir de 19 h. Il existe aussi des systèmes de réductions tels que Primaliste Internet, Forfait local, etc. À quand un « forfait Internet » ?

Pour les gros surfeurs : Numéris

Une connexion à Internet par Numéris (*voir* pp. 8-9) garantit un meilleur débit sans vous priver de votre ligne de téléphone. France Télécom propose une formule baptisée « Numéris Itoo » avec une ligne pour surfer et une ligne pour téléphoner :
– achat carte* Numéris Itoo : 845 F (une seule fois) ;
– forfait de raccordement au réseau : 597 F (une seule fois) ;
– abonnement Numéris Itoo : 169 F/mois ;
– abonnement fournisseur d'accès Internet : 100 F/mois (approximativement) ;
– prix des communications : 16,80 F/heure ;
– total pour 5 heures par mois : 353 F/mois.
À noter que, après 19 h, les communications baissent à 5,23 F/heure. D'autre part, l'abonnement à « Numéris Itoo » comprend votre abonnement téléphonique actuel (78 F/mois).

Pour les chanceux : le câble

Ceux qui habitent une ville câblée (et à condition que leur logement soit lui-même raccordé au câble) peuvent s'offrir le meilleur moyen actuel de surfer sur le Web* : le câble (*voir* pp. 8-9). Voici, par exemple, une idée des prix à Paris pour un particulier déjà abonné à la télévision par câble :

- frais de dossier : 350 F (une seule fois) ;
- abonnement forfait fournisseur d'accès : 199 F/mois ;
- location modem-câble : 79 F/mois ;
- total pour une consommation quasi illimitée = 278 F/mois.

Avec le câble, il n'y a plus de notion de temps mais de débit : l'abonnement de base correspond à 125 mégaoctets* maximum par mois (dans le sens émission), ce qui est tout à fait confortable pour une utilisation moyenne.

Pour les superchanceux : l'ADSL

L'ADSL (*voir* pp. 8-9) est un nouveau moyen d'accéder à Internet, qui est peu à peu déployé en France. Il permet de surfer à grande vitesse en se raccordant simplement à sa ligne téléphonique (*voir* pp. 8-9). Il faut toutefois un équipement spécial. Les prix ne sont pas encore connus à l'heure de la rédaction de cet Essentiel. Mais ils devraient correspondre à peu près à ceux du câble.

Pour ceux qui n'ont pas d'ordinateur : le décodeur-Internet

Si vous voulez surfer sur Internet avec votre téléviseur, vous pouvez opter pour la solution du décodeur-Internet (*voir* pp. 10-11).
Plus économique au départ, puisqu'il n'est pas nécessaire d'acheter un ordinateur, le prix de revient de ce système est néanmoins augmenté du coût de la location du décodeur :

- achat ordinateur : 0 F ;
- location décodeur-Internet : 100 F/mois (environ) ;
- abonnement fournisseur d'accès : 100 F/mois (approximativement) ;
- communications téléphoniques : 16,80 F/heure (tarif normal) ;
- total pour 5 heures par mois : 284 F/mois.

Pour les écoles
La plupart des fournisseurs d'accès proposent des tarifs très avantageux pour les établissements scolaires.

Glossaire

Adresse mél (*e-mail*) : adresse d'un abonné à Internet permettant de recevoir du courrier électronique (par exemple : *bob@fournisseur.fr*).

Adresse Web (*URL) :** code permettant de se connecter à un site Web* (par exemple : *www.monsite.fr*).

Bit : en informatique, c'est la plus petite unité numérique, valant 0 ou 1. La vitesse de transmission d'une ligne ou d'un modem* se mesure en bits par seconde (bps*).

Bps (bit par seconde) : unité mesurant la vitesse à laquelle les informations circulent dans un circuit électronique.

Carte électronique : ensemble de composants électroniques assemblés sur support rigide. Cette carte peut être insérée dans un ordinateur pour ajouter des fonctions (son, vidéo…).

***Chat* :** abréviation de *Internet Relay Chat* (IRC*).

Compression : réduction de la taille d'un fichier informatique pour qu'il prenne moins de place sur un disque dur et qu'il circule plus vite sur Internet.

Cryptage : procédé consistant à coder des informations, afin qu'elles soient compréhensibles uniquement par leur destinataire et leur expéditeur.

Cyber : préfixe désignant tout ce qui touche aux nouvelles technologies de communication ; il vient du grec *kubernan* qui signifie « gouverner » mais tire son sens actuel du mot cybernétique (science de la robotique) inventé en 1945.

Cyberculture : culture liée au cybermonde*.

Cyberespace : terme inventé par l'écrivain américain de science-fiction William Gibson ; il désigne les univers virtuels d'Internet.

Cybermonde : synonyme de cyberespace*.

En ligne (*on line*) : c'est le fait d'être connecté à distance à une source d'information. Internet est un produit en ligne.

Forum de discussion : espace de dialogue écrit sur Internet.

Fournisseur d'accès (*provider*) : prestataire privé fournissant l'accès à Internet aux particuliers sur abonnement.

***Freeware* :** programme gratuit (ça existe !).

FTP (*File Transfer Protocol*) : c'est le procédé (on dit protocole) qui permet de télécharger* des fichiers sur Internet.

GIF (*Graphics Interchange Format*) : format d'images très utilisé sur Internet. Autres formats : BMP, TIF, JPG.

Hébergement : pour être accessible à tous, un site Web* doit se trouver physiquement sur un ordinateur connecté en permanence à Internet. Un particulier peut faire héberger son site personnel chez son fournisseur d'accès*.

***Homepage* :** page Web personnelle*.

Hors ligne (*off line*) : produit multimédia* qui ne nécessite pas de connexion, par exemple un cédérom.

HTML (*Hypertext Markup Language*) : langage de mise en forme des pages Web*. Les codes HTML définissent la forme des caractères et des illustrations qui s'affichent à l'écran.

Hypertexte : *voir* lien hypertexte.

Installer : c'est le fait de copier sur le disque dur de son ordinateur un logiciel* pour pouvoir l'utiliser.

Interactif : le multimédia* est interactif ! Il faut cliquer pour déclencher des actions ou accéder à d'autres documents.

Internaute : utilisateur d'Internet (synonyme : cybernaute).

IRC (*Internet Relay Chat*) : système de messagerie en direct sur Internet par ordinateur interposé.

Java : langage informatique très utilisé sur Internet car il fonctionne avec n'importe quel type d'ordinateur, sous forme de petit programme appelé *applet* qui permet d'animer une page Web* et de la rendre plus vivante.

Kilobit/s (kbps) : mesure la vitesse de connexion d'un modem* (1 kilobit = 1 millier de bits* par seconde).

Lien hypertexte : un mot ou une image, sur une page Web*, sur lequel on peut cliquer pour déclencher une action ou aller vers une autre page.

Logiciel : ensemble d'instructions informatiques permettant d'effectuer des tâches programmées à l'avance. Exemples : un traitement de texte, un jeu, etc.

Mac : abréviation de Macintosh, ordinateur de la marque Apple. Les Mac ne sont pas compatibles avec les PC*.

Mégabit/s (mbps) : mesure la vitesse de connexion à Internet (1 mégabit = 1 million de bits* par seconde).

Mégaoctet (Mo) : unité de mesure de la mémoire informatique (1 Mo = 1 million d'octets*).

Mél (*e-mail*) : courrier électronique, système mondial de communication par messages écrits sur ordinateur *via* Internet.

MIDI (*Musical Instrument Digital Interface*) : norme de communication pour instruments de musique électroniques. Une partition téléchargée* au format MIDI peut être jouée sur une guitare électrique, un synthétiseur, etc.

Modem (modulateur-démodulateur) : petit appareil permettant de brancher un ordinateur sur une ligne téléphonique pour aller sur Internet, envoyer des télécopies, etc.

Moteur de recherche : sorte d'annuaire électronique en ligne* permettant de trouver une information sur Internet.

Multimédia : association de textes, de sons et d'images sur ordinateur.

Navigateur : logiciel* de navigation indispensable pour surfer sur le Web*.

Netiquette : règles de bonne conduite sur Internet.

Numérique : procédé de codage des données informatiques sous forme binaire (0 et 1). Le numérique est la langue universelle des ordinateurs !

Numérisé : un document (texte, son ou image) transformé en fichier informatique. Par exemple, une photographie passée au scanner ou bien une musique enregistrée sur ordinateur (synonyme : digitalisé).

Octet (*byte*) : unité informatique valant 8 bits*.

Page d'accueil : c'est la première page d'un site Web*, celle qui mène vers d'autres pages grâce à des liens hypertextes*.

Page personnelle : page Web* créée par un particulier.

Page Web : c'est une page-écran sur le Web* contenant du texte et/ou des images. Un site Web* est constitué de plusieurs pages Web.

Paramétrer : c'est le fait de régler un logiciel* ou un matériel en spécifiant les paramètres nécessaires à son fonctionnement. Par exemple, indiquer le numéro de téléphone lorsque l'on installe un modem*.

PC (*Personal Computer*) : c'est le nom donné au premier micro-ordinateur d'IBM qui est devenu un standard. Aujourd'hui, il désigne tous les micro-ordinateurs construits sur ce modèle et non compatibles avec le Macintosh*.

Plug-in : module d'extension. C'est un logiciel* qu'il faut ajouter à un programme pour bénéficier de fonctions supplémentaires. Par exemple, le *plug-in RealPlayer* permet d'écouter du son sur Internet.

Portail : porte d'entrée sur le Web*, site* proposant généralement un service de recherche et de nombreux liens* vers d'autres sites Web.

Proxy : ordinateur-relais dont disposent certains fournisseurs d'accès* pour accélérer la connexion à Internet par stockage des pages* les plus consultées.

Répertoire de recherche : annuaire électronique en ligne* permettant de trouver un site* sur Internet.

Glossaire (suite)

RTC (Réseau téléphonique commuté) : c'est le téléphone classique.

Shareware : logiciel* gratuit pour une période d'essai, mais avec obligation morale de rétribuer l'auteur en cas d'utilisation prolongée.

Shockwave : logiciel* de la société Macromédia permettant d'inclure des images animées sur une page Web*.

Site officiel : site Web* consacré à une société ou à une personnalité et émanant réellement de cette société ou de cette personnalité. C'est le contraire d'un site… non officiel.

Site Web : c'est un « endroit » sur le Web* identifié par une adresse*.

TCP/IP (*Transfer Control Protocol/Internet Protocol*) : protocole de transmission des données sur Internet. C'est en quelque sorte le « langage » du réseau mondial qui permet à tous les ordinateurs de communiquer entre eux et qui assure le découpage des informations en « paquets », afin qu'elles circulent rapidement à travers le monde.

Téléchargement : copie à distance d'un programme par Internet pour l'installer* sur son propre ordinateur.

Telnet : protocole de prise de contrôle à distance d'un ordinateur *via* Internet.

URL (*Uniform Resource Locator*) : *voir* adresse Web*.

Virus : c'est un petit programme invisible pouvant causer des dégâts sur un ordinateur. Un virus se propage par l'intermédiaire de disquettes infectées ou par Internet.

Web : abréviation de *World Wide Web**.

Webcam : caméra vidéo dont les images sont retransmises en direct sur le Web*.

Webmaster (ou Webmestre) : personne chargée d'administrer un site Web*.

Windows : système d'exploitation de la marque Microsoft équipant 90 % des PC* dans le monde.

World Wide Web : toile d'araignée mondiale, c'est la partie multimédia* d'Internet, composée de millions de sites Web*. Synonymes : cyberespace*, cybermonde*.

Bibliographie

Voici quelques ouvrages consacrés à Internet. Les plus techniques sont signalés par un triangle Δ.

• Pour découvrir

DUFOUR (Arnaud), *Internet*, coll. « Que sais-je ? », PUF, 1996. Δ

GUEDON (Jean-Claude), *La Planète Cyber*, coll. « Découvertes », éditions Gallimard, 1996.

• Dans la collection « Les Essentiels Milan »

CEDRO (Jean-Michel), *Le Multimédia*, éditions Milan, 1996.

COLOMBAIN (Jérôme), *Internet*, éditions Milan, 1996. *La Cyberculture*, éditions Milan, 1997. *Génération multimédia*, éditions Milan, 1998.

• Guides pratiques pour surfer

Guide du Routard Internet, Hachette, 1998.

Guide l'Archipel Internet, L'Archipel, 1998.

FOUCHARD (Gilles), *Internet pour vous*, Multimédia Gallimard, 1998.

KENNEDY (Angus J.), *Internet et le Web faciles*, Mille et une nuits, 1997.

LEVINE (John R.) et BAROUDI (Carol), *Internet pour les nuls*, Sybex, 1997.

Bibliographie (suite)

MARAN (Ruth), *Internet et le Web,* coll. « Poche Visuel », First Interactive, 1998.

OULLION (Jean-Michel), *Guide Internet de l'Étudiant,* L'Étudiant, 1998.

SALUDEN (François), *Tout l'Internet en France,* Marabout, 1998.

• Pour aller plus loin

Le Guide Internet professionnel du Webmaster, First, 1997. Δ

Super Internet, les meilleurs trucs et astuces de l'ordinateur individuel, First, 1997. Δ

COLOMBAIN (Jérôme), *Le Dico du multimédia,* coll. « Les Dicos Essentiels Milan », éditions Milan, 1998.

DONFU (Pierre), *Diconet,* Flammarion, 1997.

FINIDORI (Jean-Christophe), *Lexique Internet,* Nathan, 1998.

FOUCHARD (Gilles), *Recherche sur Internet,* coll « Se former en 1 jour », Simon et Schuster Macmillan, 1998.

RAPP (Lucien), *Le Courrier électronique,* coll. « Que sais-je ? », PUF, 1996. Δ

• Enquêtes, essais, témoignages, fiction

GATES (Bill), *La Route du futur,* Robert Laffont, 1995.

GIBSON (William), *Neuromancien,* La Découverte, 1985.

HUITEMA (Christian), *Et Dieu créa l'Internet,* éditions Eyrolles 1995. Δ

MATHIAS (Paul), *La Cité Internet,* Presses de Sciences-Po, 1997.

VIRILIO (Paul), *Cybermonde, la politique du pire,* Textuel, 1996.

• Éducation

La Classe branchée, Centre national de documentation pédagogique (CNDP), 1997.

LE ROUZIC (Daniel), *Introduire Internet dans ses pratiques pédagogiques,* Bertrand-Lacoste, 1997.

WILLIAMS (Bard), *Internet pour les profs,* Sybex, 1997.

• Revues spécialisées

.Net
Hachette.Net
Micro Hebdo
L'Ordinateur individuel
SVM
Netsurf

• Cédérom

DE ROSNAY (Joël), *Visa pour l'Internet,* Montparnasse Multimédia, 1998.

Numéros utiles

Principaux fournisseurs d'accès* à Internet en France

AOL	01 69 19 94 50
Club-Internet	0 801 800 900
Francenet	0 803 030 308
Imaginet	01 43 38 10 24
Infonie	0 801 809 809
Wanadoo	0 801 105 105
Worldnet	01 40 37 90 90
World Online	01 41 23 97 00

Fournisseurs d'accès par câble (selon la région où vous habitez)

Cybercâble	0 800 25 8000
Câble Wanadoo	0 813 00 3000
NC Numéricâble	0 801 10 10 10

Répertoire des sites Web

Voici la liste des sites Web mentionnés dans cet ouvrage. Les numéros renvoient à la double page. Mais en dépit d'un souci de rigueur, certains sites peuvent avoir changé ou disparu, le Web évoluant sans cesse. Bon surf !

@près l'école : *www.apreslecole.fr* 24
1001 Recettes : *www.1001recettes.com* 36
3 Suisses (Les) : *www.3suisses.fr* 36
AB Système : *www.absysteme.com* 38
Achat Net Auto : *www.achatnetauto.com* 36
Acheter moins cher : *www.acheter-moins-cher.com* 36
Actualinfo : *www.actualinfo.com* 16
Adecco : *www.adecco.fr* 38
Adele : *www.adele.org* 38
Admifrance : *www.admifrance.gouv.fr* 42
Adopt an escargot : *www.busprod.com/pokesfan/escargot.htm* 32
AFP : *www.afp.fr* 16
Alapage : *www.alapage.com*
Allez France : *www.allezfrance.org* 28
Allô K7 : *www.allok7.com* 40
Allociné : *www.allocine.fr* 40
Altavista : *www.altavista.com* 14, 26, 28
ANIL : *anil.org* 38
ANPE : *www.anpe.fr* 38
Antiquaires : *www.antiques.tm.fr* 40
APEC : *www.apec.asso.fr* 38
Aplio : *www.aplio.com* 50
Apple : *www.apple.com/quicktime* 22
Assemblée nationale : *www.assemblee-nationale.fr* 42
Astérial : *asterial.fr.msn.com* 40
Astérix : *www.asterix.tm.fr* 28
Barreau de Paris : *www.paris.barreau.fr* 38
BD Paradisio : *www.bdparadisio.com* 28
Bibliothèque nationale de France : *www.bnf.fr* 26
Blagues Carambar : *perso.wanadoo.fr/fontes/carambar.htm* 32
Bol : *www.bol.fr* 36
Bonjour (annonces) : *www.bonjour.fr* 38
Bourse de Paris : *www.bourse-de-paris.fr* 38
Boursier : *www.boursier.com* 38
Bretagne : *www.bretagne.com* 20
British Museum : *www.british-museum.ac.uk* 22
Cadres on line : *www.cadresonline.com* 38
Canal Net : *www.universal.fr* 10
Canal Web : *www.canalweb.net* 18
Career Mosaic : *www.careermosaic.tm.fr* 38
Cartes postales virtuelles : *www.carterie.com* 44
Casterman : *www.casterman.fr* 28
CD Now : *www.cdnow.com* 36
CFoot : *www.cfoot.com* 28
Charlélie Couture : *www.charlelie.com* 34
Château de Versailles : *www.chateauversailles.fr* 20
Chez.com : *www.chez.com* 52
Cinéplus : *www.cineplus.com* 28
Cité des sciences : *www.cite-sciences.fr* 26
Club des poètes (Le) : *www.franceweb.fr/poesie* 40
Club du multimédia : *www.cdclub.com*
Club Med : *www.clubmed.com* 20
Club Internet : *www.club-internet.fr* 12, 48
CNDP : *www.cndp.fr* 24
CNED : *www.cned.fr* 24
Comfm : *www.comfm.fr* 12, 20
Corbis : *www.corbis.com* 28
Corrigés du bac : *www.corrigebac.com* 24
Cotations : *www.cotations.com* 38
Crayon : *www.crayon.net* 16
Croft Times : *international.ctimes.net/fr* 30
Culture Kiosque : *www.culturekiosque.com* 40
Cyberavocat : *www.cyber-avocat.com* 38
Cyberdocs : *www.cyberdocs.com* 40
Cybermanga : *www.cybermanga.com* 28
Cybermômes : *www.imaginet.fr/momes*
Cyberpapy : *www.cyberpapy.com* 24
Dargaud : *www.dargaud.fr* 28
David Bowie : *www.davidbowie.com* 34
Dégriftour : *www.degriftour.fr* 20
DejaNews : *www.dejanews.com* 46
Dell : *www.dell.com* 36
De particulier à particulier : *www.pap.fr* 38
Dernières Nouvelles d'Alsace (Les) : *www.dna.fr* 16
Dictionnaire d'argot : *www.argot.com* 32
Direct Finance : *www.directfinance.com* 38
Domo TV : *www.com1.fr* 10
Douce France : *www.doucefrance.com* 20
Download : *www.download.com* 30
Eat On Line : *www.eatonline.fr* 36
Échos (Les) : *www.lesechos.fr* 38
Ecila : *www.ecila.fr* 14
École de Piquecos : *www.ac-toulouse.fr/piquecos* 24
Écoles de France : *ecolfr.net* 24
Écran noir : *www.ecran-noir.com* 28
Éditions Hatier : *www.editions-hatier.fr/annabac* 24

Éducasource : *www.educasource.education.fr* 26
Éducnet : *www.educnet.education.fr* 24
Elle : *www.elle.fr* 16
Élysée : *www.elysee.fr* 42
Email Job : *www.emailjob.com* 38
Enfants du Web (Les) : *www.hortus-soft.com* 24
Entarteurs : *www.gloupgloup.com* 32
Europcar : *www.europcar.fr* 20
Europe Infos : *www.europeinfos.com* 18
Excite : *www.excite.fr* 14
Express (L') : *www.lexpress.fr* 16
Festival BD d'Angoulême : *www.bdangouleme.com* 28
Fête de l'Internet : *www.fete-internet.fr* 4
Flake et Morniver : *users.skynet.be/sky03677* 32
Fluide glacial : *www.fluideglacial.tm.fr* 28
Fnac : *www.fnac.fr* 36
Fnaim : *www.fnaim.fr* 38
Forest (Fred) : *www.fredforest.org* 22
France 2 : *www.france2.fr*
France 3 : *www.france3.fr* 12, 18
France Échecs : *www.france-echecs.com* 30
France Gourmet : *www.gourmet-tradition.com* 36
France Pratique : *www.pratique.fr* 38
France Service (Californie) : *www.franceservice.com* 20
France Télécom Édu : *www.edu.francetelecom.fr* 26
Francité : *www.francite.fr* 14
Fromages de France : *www.fromages.com*
Front libérateur des poulpes : *www.multimania.com/flpoulpe* 32
Front de libération des nains de jardin : *serveur.creaweb.fr/viv/flnj/flnj.html* 32
Galaxie : *medecine.galaxie.fr* 40
Gallica : *gallica.bnf.fr* 26
Gateway : *www.gateway.com* 36
Gaumont : *www.gaumont.fr* 28
Gazette de l'hôtel Drouot : *www.gazette-drouot.com* 40
Gemplus : *www.gemplus.fr* 36
Géocities : *www.geocities.com* 52
Goa : *www.goa.com* 30
Gobeurs de Flamby : *www.chez.com/gregpro/flamby* 32
Guide du Routard : *www.routard.com* 20
Guide Michelin : *www.michelin-travel.com* 40
Hertz : *www.hertz.com* 20
Hifissimo : *www.hifissimo.com* 36
Hotbot : *www.hotbot.com* 14
Hotmail : *www.hotmail.com* 44
ICQ : *www.icq.com* 48
ID-Clic : *www.club-internet.fr/id-clic* 24
Infoseek : *www.infoseek.com* 14
Inrockuptibles : *www.inrockuptibles.presse.fr* 34
Internet Phone : *www.vocaltec.com* 50
IRC Voilà : *www.voila.fr/Chat* 48
Issy-les-Moulineaux : *www.issy.com* 42
ITi : *www.iti.fr* 40
Jalons : *www.jalons.fr* 32
Jazz en France : *www.jazzfrance.com/fr* 34
Jeux Olympiques : *www.olympic.org* 28
Jeux : *www.multimania.com/fmaire* 30
Jeuxvidéo : *www.jeuxvideo.com* 30
Journal officiel : *www.journal-officiel.gouv.fr* 38
Kleline : *www.kleline.fr* 36
La vie est belle : *www.lavieestbelle.com* 28
Légifrance : *www.legifrance.gouv.fr* 38
Libanus : *www.libanus.com*
Libération : *www.liberation.fr* 16
Library of Congress : *www.loc.gov* 20, 26
Liste de diffusion (Francolistes) : *www.cru.fr/listes* 46
Lycos : *www.lycos.fr* 14, 26
Madonna : *www.br.com/madonna* 34
Mairie de Paris : *www.paris-france.org* 20
Marcopoly : *www.marcopoly.fr* 36
Mariage : *www.le-mariage.com* 40
Matelsom : *www.matelsom.com* 36
Maxichat : *www.fr.maxichat.com* 48
Mégagiciel : *www.megagiciel.com* 30
Mel (Le) : *www.lemel.fr* 44
Metacrawler : *www.metacrawler.com* 14
Météo France : *www.meteo.fr* 12, 40
Michel Polnareff : *www.polnaweb.com* 34
Microsoft : *www.microsoft.com* 48
Microsoft jeux : *www.microsoft.com/france/jeux* 30
Milan Presse : *www.milanpresse.com* 4
Milo Manara : *www.milomanara.it* 28
Ministère Affaires étrangères : *www.france-diplomatie.fr* 20
Ministère Culture : *www.culture.fr* 42
Ministère Économie et Finances : *www.finances.gouv.fr* 42
Ministère Éducation nationale : *www.education.gouv.fr* 24, 42
Ministère Environnement : *www.environnement.gouv.fr* 42
Ministère Justice : *www.justice.gouv.fr* 42
Ministère Télécommunications : *www.telecom.gouv.fr* 42
Minitelorama : *minitelorama.com* 38
Monde (Le) : *www.lemonde.fr* 16, 36
Mondomix : *www.mondomix.org* 34
MP3 : *www.mp3.com* 34
MSN Start : *www.fr.msn.com* 12
Multimania : *www.multimania.com* 52
Musée d'Art moderne de New York (Moma) : *www.moma.org* 22
Musée d'Orsay : *www.musee-orsay.fr* 22
Musée de l'Ermitage : *www.ermitage.ac.uk* 22

Répertoire des sites Web (suite)

Musée du Louvre : *www.louvre.fr* 22
Musexpo : *www.musexpo.fr* 22
N@rt : *www.nart.com* 22
Nathan entraînement : *www.nathan-entrainement.fr* 24
Nautilia : *www.nautilia.com* 40
Net2phone : *www.net2phone.com* 50
Netscape : *www.netscape.com* 48
Newmedia : *www.newmedia-arts.org* 22
New York Times : *www.nytimes* 16
Nic : *www.internic.net* 52
Nic France : *www.nic.fr* 52
Nomade : *www.nomade.fr* 14, 38, 52
Notaires de France : *www.notaires.fr* 38
Nouvelles Frontières : *www.nouvelles-frontieres.com* 20
Novalis : *www.novalis.fr* 34
Ocasou : *www.okasou.com/pa* 38
Offices du tourisme : *www.tourisme.fr* 20
On Air : *www.on-air.com* 34
Orient-le-Jour (L') : *www.lorient lejour.com.lb* 16
Ouest France : *www.ouest-france.com* 16
Pages Jaunes : *www.pagesjaunes.fr* 40, 44
Pages tourisme : *www.pagestourisme.com* 20
Palais de la Découverte : *www.palais-decouverte.fr* 24
Parier : *www.parier.net* 30
Paris (Pages de) : *www.paris.org* 20
Pariscope : *www.pariscope.fr* 40
Partitions MIDI : *www.ouaib.com/pointmid* 34
Pascal Obispo : *www.pascalobispo.com* 34
PC Astuces : *www.pcastuces.com*
Pêcheur d'images : *www.pecheur-d-images.com* 28
Petit Bouquet (Le) : *www.le-petit-bouquet.com* 16
Petites annonces : *www.petites-annonces.fr* 38
Pétitions : *www.lapetition.com* 32
Photographie : *www.photographie.com* 28
Pierre la Police : *www.club-internet.fr/pierre-la-police* 32
Planète Cinéma : *www.planetecinema.com* 28
Poste (La) : *www.laposte.fr* 42
Préfecture de l'Isère : *www.isere.pref.gouv.fr* 42
Premier ministre : *www.premier-ministre.gouv.fr* 42
Présidence de la République : *www.elysee.fr* 42
Promosoldes : *www.promosoldes.com*
Protécréa : *www.protecrea.org* 38
Psycho Net : *www.psycho-net.com* 40
Québec Web : *www.quebecweb.com* 20
Radio Actu : *www.radioactu.com* 18
Radio France : *www.radio-france.fr* 18
RealPlayer : *www.real.com* 18, 34
Redoute (La) : *www.redoute.fr* 36
Répondeur (messages) : *www.multimania.com/courtois/repondeur.htm* 32
Rigoler : *www.rigoler.com* 32
Rio : *www.rioport.com* 34
Rolling Stones : *www.the-rolling-stones.com* 34
Santé Web : *www.santeweb.com* 40
Sayhoo : *www.sayhoo.com* 40
Se loger : *www.seloger.com* 38
Sénat : *www.senat.fr* 42
Senior Planet : *www.senior-planet.com* 38
Sierra : *www.sierra.fr* 30
Ski France : *www.skifrance.fr* 20
Slate : *www.slate.com* 16
SNCF : *www.sncf.fr* 20
Space : *www.space.tm.fr* 34
Star Wars : *www.starwars.com* 28
Sud-Ouest : *www.sudouest.com* 16
Surfman : *www.multimania.com/surfman* 32
Swatch : *www.swatch.com* 32
Sytadin : *www.sytadin.tm.fr* 40
Tahiti Shop : *www.tahitishop.com*
Télémarket : *www.telemarket.fr* 36
Télérama : *www.telerama.fr* 40
TF1 : *www.tf1.fr* 18
The Palace : *www.thepalace.com* 48
Times : *www.the-times.co.uk* 16
Tintin : *www.tintin.be* 28
Tour Eiffel : *www.tour-eiffel.fr* 14, 20
Tout en ville : *www.toutenville.com* 40
Transeco : *www.transeco.com* 38
Tribune (La) : *www.latribune.fr* 38
Truffe du Périgord : *truffe-perigord-noir.com*
Ubisoft : *www.ubisoft.fr* 30
UCB : *www.ucb.fr* 38
UNGI : *www.ungi.com* 52
Valmary : *www.valmary.com* 36
Virtual Tourist : *www.vtourist.com* 20
Vocaltec : *www.vocaltec.com* 50
Voilà : *www.voila.fr* 12, 14, 26, 38, 48, 52
Web gratuit : *www.webgratuit.com*
Web Home Exchange : *www.webhomeexchange.com* 38
Web Marchand : *www.webmarchand.com* 36
Yahoo! : *www.yahoo.fr* 12, 14, 16, 20, 26, 38, 52
Yahoo! Games : *play.yahoo.com* 30
Zéro Heure : *www.00h00.com* 36
Zidane : *www.zidane.net* 28

Index *Le numéro de renvoi correspond à la double page.*

administration 4, 42
adresse mél 6, 44
adresse Web 4
ADSL 8, 54
AFP 16, 18
agent intelligent 14
Anderson (Gillian) 32
Aplio 50
Arpanet 4
artistes 22
Astérix 28
avocats 38
bande dessinée 28
bibliothèques virtuelles 26
bookmarks 6
Bourse 38
câble 6, 8, 54
Canal Net 10
Canalsatellite 8
carte virtuelle 44
casinos virtuels 30
CD 34
chaîne Web 18
chat 48
cinéma 10, 28, 40
commerce en ligne 36
Communicator 6, 52
Croft (Lara) 30
cryptage 36
CU See Me 48
cybercafé 4, 10, 44
cybermagasins 36
débit 8, 54
décodeur-Internet 10, 54
Domo TV 10
Doom 30
Duke Nukem 30
école 24, 54
éducation 24
FAQ 46
favoris 6
flame 46
football 28
forums 4, 38, 46
four à micro-ondes 10
fournisseur d'accès 4, 6, 8, 44, 50, 52, 54
France-Info 12, 18
France Télécom 8, 24, 26, 40, 54
Front Page 52
FTP 4, 52
Gates (Bill) 28, 32
Godard (Jean-Luc) 32
homepage 30, 52
HTML 52
ICQ 48
images 28
impôts 42
internautes 4, 20
Internet Explorer 6, 52
IRC 4, 12, 48
jeux vidéo 30
journaux 4, 16
kit de connexion 6, 44, 48
Lewinsky (Monica) 32
liste de diffusion 28, 32, 46
ludo-éducatif 24
Mac 6, 50
Madonna 34
mailing list 46
médecine 40
Media Lab 32
mél 4, 10, 42, 44
messagerie en direct 48
Météo France 12, 40
Microsoft 6, 12, 16, 28, 44, 48, 52
ministères 20, 42
Minitel 6, 10, 40, 48
modem 6, 8, 50, 54
moteur de recherche 12, 14, 20, 26, 28, 36, 52
MP3 34
musées virtuels 22
musique 34
navigateur 6, 18, 46, 48, 52
Netiquette 44, 46
Netscape 6, 44, 48, 52
newsgroup 46
nom de domaine 52
Numéris 6, 8, 54
œuvres virtuelles 22
paiement sécurisé 36
Paris 14, 20, 38, 40
PC 6, 50
Pentium 6, 50
petites annonces 38
Polnareff (Michel) 34
portail 12, 16, 22, 40, 42
porte-monnaie électronique 16, 36
presse 16
Quicktime 22
radio 4, 18
satellite 6, 8
signets 6
smileys 46
spamming 44
Swatch 32
tarte à la crème 32
TCP/IP 4
téléchargement 18, 22, 30, 34, 36, 48
téléphone 4, 6, 8, 10, 30, 44, 50, 54
téléphone mobile 10
télévision 8, 10, 18, 40, 54
Tintin 28
tour Eiffel 14
URL 4, 52
Vian (Boris) 26
virus 44
webcams 12, 20, 22
Webphone 10
webzines 16
World Wide Web 4

Dans la collection *Les Dicos Essentiels Milan*

Le dico du multimédia
Le dico du citoyen
Le dico du français qui se cause
Le dico des sectes
Le dico de la philosophie
Le dico des religions
Le dico des sciences

Dans la collection *Les Essentiels Milan*

1 Le cinéma
2 Les Français
3 Platon
4 Les métiers de la santé
5 L'ONU
6 La drogue
7 Le journalisme
8 La matière et la vie
9 Le sida, s'informer pour mieux lutter
10 L'action humanitaire
12 Le roman policier
13 Mini-guide du citoyen
14 Créer son association
15 La publicité
16 Les métiers du cinéma
17 Paris
18 L'économie de la France
19 La bioéthique
20 Du cubisme au surréalisme
21 Le cerveau
22 Le racisme
23 Le multimédia
24 Le rire
25 Les partis politiques en France
26 L'islam
27 Les métiers du marketing
28 Marcel Proust
29 La sexualité
30 Albert Camus
31 La photographie
32 Arthur Rimbaud
33 La radio
34 La psychanalyse
35 La préhistoire
36 Les droits des jeunes
37 Les bibliothèques
38 Le théâtre
39 L'immigration
40 La science-fiction
41 Les romantiques
42 Mini-guide de la justice
43 Réaliser un journal d'information
44 Cultures rock
45 La construction européenne
46 La philosophie
47 Les jeux Olympiques
48 François Mitterrand
49 Guide du collège
50 Guide du lycée
51 Les grandes écoles
52 La Chine aujourd'hui
53 Internet
54 La prostitution
55 Les sectes
56 Guide de la commune
57 Guide du département
58 Guide de la région
59 Le socialisme
60 Le jazz
61 La Yougoslavie, agonie d'un État
62 Le suicide
63 L'art contemporain
64 Les transports publics
65 Descartes
66 La bande dessinée
67 Les séries TV
68 Le nucléaire, progrès ou danger ?
69 Les francs-maçons
70 L'Afrique : un continent, des nations
71 L'argent
72 Les phénomènes paranormaux
73 L'extrême droite aujourd'hui
74 La liberté de la presse
75 Les philosophes anciens
76 Les philosophes modernes
77 Le bouddhisme
78 Guy de Maupassant
79 La cyberculture
80 Israël
81 La banque
82 La corrida
83 Guide de l'État
84 L'agriculture de la France
85 Argot, verlan et tchatches
86 La psychologie de l'enfant
87 Le vin
88 Les OVNI
89 Le roman américain
90 Le jeu politique
91 L'urbanisme
93 Alfred Hitchcock
94 Le chocolat
95 Guide de l'Assemblée nationale
96 À quoi servent les mathématiques ?
97 Le Front national
98 Les philosophes contemporains
99 Pour en finir avec le chômage
101 Le problème corse
102 La sociologie
103 Les terrorismes
104 Les philosophes du Moyen Âge et de la Renaissance
105 Guide du Conseil économique et social
106 Les mafias
107 De la Ve à la VIe République ?
108 Le crime
109 Les grandes religions dans le monde
110 L'eau en danger ?
112 Mai 68, la révolution fiction
113 Les enfants maltraités
114 L'euro
115 Les médecines parallèles, un nouveau défi
116 La calligraphie
117 L'autre monde de la Coupe
118 Les grandes interrogations philosophiques
119 Le flamenco, entre révolte et passion
120 Les cathares, une église chrétienne au bûcher
121 Les protestants
122 Sciences cognitives et psychanalyse
123 L'enfant et ses peurs
124 La physique, évolution et enjeux
125 Freud et l'inconscient
126 La diététique, un art de vivre
127 Le droit, l'affaire de tous
128 Comprendre la peinture
129 L'euthanasie, mieux mourir ?
130 Les violences urbaines
131 La littérature française, du Moyen Âge au XVIIIe siècle
132 Les rêves
133 Dopage et sport
134 Mondialisation et stratégies industrielles
135 Les animaux, psychologie et comportement
136 La littérature française, du XIXe au XXe siècle
137 Les prisons
138 L'orchestre
139 Le risque d'entreprendre
140 Ces maladies mentales nommées folie
141 Les gitans
143 Les grandes interrogations morales

Responsable éditorial
Bernard Garaude
Directeur de collection – Édition
Dominique Auzel
Secrétariat d'édition
Véronique Sucère
Correction – révision
Didier Mounié
Iconographie
Anne-Sophie Hedan
Conception graphique – Couverture
Bruno Douin
Maquette – Infographies
Isocèle
Fabrication
Isabelle Gaudon
Sandrine Sauber-Bigot
Flashage
Exegraph

Crédit photos
Image Bank : p. 3 / Olitec : p. 6 / Sygma : p. 11 / Parcelle - Réseaux © F. Forrest : p. 23 / P. Massacret - Milan Presse : p. 24 / Rio PMP 300 - Diamond Multimédia - Vitamine : p. 35 / Gemplus : p. 36 / Vitamine : p. 49 / Aplio S. A. - Point virgule : p. 51.

Les erreurs ou omissions involontaires qui auraient pu subsister dans cet ouvrage malgré les soins et les contrôles de l'équipe de rédaction ne sauraient engager la responsabilité de l'éditeur.

300, rue Léon-Joulin,
31101 Toulouse Cedex 1 France

Loi 49.956 du 16.07.1949

Aubin Imprimeur, 86240 Ligugé. — D.L. mars 1999. — Impr. P 57968